Louis Reybaud

Des idées et des sectes communistes

essai

ISBN : 978-1540473417

10 9 8 7 6 5 4 3 2 1

Louis Reybaud

Des idées et des sectes communistes

essai

Table de Matières

Des idées et des sectes communistes

On a fait des rêves de tous les temps, mais il était réservé au nôtre de croire à la réalisation de tous les rêves et de s'y essayer. Avec le plus grand sérieux, on propose, de divers côtés, de prendre la société en bloc pour lui choisir ailleurs une meilleure place ; on offre de changer le lit du fleuve, au risque d'une inondation générale. Quelques esprits philosophiques ont, dans le passé, adopté ce thème comme un jeu de l'imagination ; on affecte de les traduire à la lettre et de trouver des faits là où ils n'ont mis que des fantaisies. Il y a plus : on ne se contente pas de nourrir ces illusions, on prétend les imposer ; de gré ou de force, on veut rendre l'univers complice d'un pareil délire. À ce titre, peut-être l'histoire de ces vertiges de l'esprit humain n'est-elle pas sans intérêt. On y verra combien ces violences sont insensées, combien sont vaines ces poursuites. Si les maladies du cerveau ne sont pas nouvelles, elles n'ont jamais été bien contagieuses.

Il est vrai que Platon disait, il y a plus de deux mille ans, en parlant de sa république imaginaire : « Quelque part que cela se réalise ou doive se réaliser, il faut que les richesses soient communes entre les citoyens, et que l'on apporte le plus grand soin à retrancher du commerce de la vie jusqu'au nom de la propriété.1 » Mais quand le philosophe athénien s'exprimait avec une témérité si grande, il mesurait ses paroles à l'intelligence de son auditoire. Platon créait un idéal et le rejetait au-delà des confins du possible, il abandonnait le monde réel pour entrer dans le pays des fables. L'intention était transparente : personne autour de lui ne s'y trompait. Sa fiction se défendait d'être prise à la lettre et respirait cette ironie délicate dont les anciens semblent avoir emporté le secret. Aux vices des civilisations du temps elle opposait les merveilles d'une civilisation chimérique, elle se servait d'un plan de société pour conclure à une leçon de morale. Voilà dans quel sens Platon doit être compris : son idéal n'a qu'une valeur d'antithèse.

Les fictions issues de la sienne ont aussi ce caractère de protestation tantôt formelle, tantôt détournée. Plus l'époque est ombrageuse, plus elles s'empreignent d'exagération, afin d'éloigner le soupçon d'une allusion trop directe. Sous Louis XIV, Fénelon

1 Livre des Lois.

Louis Reybaud

rêve une Salente où rien ne rappelle les formes de la monarchie. Sous Henri VIII, le chancelier Morus recommence Platon et écrit, aux applaudissements d'Érasme, son *Utopie*, nom générique désormais de toute une famille d'écrits. Morts, d'ailleurs, exprime ses réserves : il proteste contre l'application de ses idées, et déclare qu'elles ne sont pas réalisables. Plus tranquille alors, il proclame sa communauté. Point de propriété individuelle ; la terre, les fruits de la terre, sont du domaine social. Quiconque a besoin d'un instrument de travail, d'un vêtement, d'un meuble, d'une denrée, doit s'adresser aux magistrats chargés de la distribution générale, aux garde-magasins de la propriété collective. On doit, en Utopie, l'hospitalité au voyageur ; mais le voyageur doit à son hôte l'aide de ses bras. L'activité industrielle a des lois expresses ; on répartit les professions au moyen de deux modes : le sort et le choix y concourent. L'agriculture seule est privilégiée ; elle puise dans toutes les classes et compte comme fonction obligatoire. Rien n'est d'ailleurs plus léger et plus doux que la tache individuelle ; six heures de travail suffisent pour assurer, chaque jour, le service de tous les besoins, dans leurs variétés et dans leurs raffinements. On est sensuel en Utopie, Épicure y est plus écouté que Zénon : aucun repas sans musique et sans parfums ; tous les sens ont leur part, dans ces fêtes ; l'odorat se dilate au sein d'une atmosphère embaumée, l'ouïe s'enivre de sons harmonieux, le goût est flatté par des mets exquis, la vue se repose sur le spectacle de douze cents convives unis et heureux. Point d'autres limites à la jouissance que celles dont la nature a mis en nous le sentiment : où commence l'excès, le plaisir cesse. Comme les valeurs métalliques stimulent trop vivement la cupidité humaine, l'économie politique de l'Utopie n'en admet pas l'usage à ce titre. L'or et l'argent, en expiation du mal qu'ils ont causé, sont condamnés aux destinations les plus viles : on en fait, comme aujourd'hui au Pérou, des meubles, des vases abjects, ou bien des chaînes pour les galériens, des boucles d'oreille pour les criminels moins endurcis. Le fer est plus honoré : on ne le dégrade point dans des emplois domestiques ou pénitentiaires. Quant au gouvernement, il est des plus simples. Tout y relève d'un système d'élection à plusieurs degrés, même le roi, premier magistrat de l'île. Chaque famille a un chef qui concourt au choix d'un supérieur pour trente familles, et ces supérieurs nomment à leur tour les grands dignitaires. La hiérarchie se forme ainsi, du membre, de la communauté jusqu'au souverain, par une suite de cercles successifs, peu à peu amoindris et aboutissant au centre, c'est-à-dire à l'unité. Le principe mobile de l'élection est une garantie contre l'usurpation et la dictature. Les cadres du pouvoir sont seuls permanents ; les titulaires sont renouvelés chaque année. Ainsi se passent les choses dans cette espèce d'Atlantide qu'un esprit docte et gravé, un chancelier d'Angleterre ; a reconstruite d'après Théopompe et Platon. Pour mieux constater cette filiation, il y a maintenu les esclaves ; pour innover, il y a ajouté les galériens. Tout est pour le mieux dans la meilleure des îles.

Un siècle plus tard, le dominicain Campanella reproduit la même chimère. Né à Stilo, en Calabre, Campanella, s'il faut en croire l'historien Pietro Giannone, chercha à soulever le pays contre la domination espagnole. Jeté dans les prisons de Naples et mise sept fois à la torture, il ne démentit pas son caractère : les bourreaux du comte de Lemos ne purent lui arracher le moindre aveu. À l'exemple de plusieurs enthousiastes qui ont fait secte et se sont continués jusqu'à nous, le moine de Stilo décernait au pontife du catholicisme une autorité universelle, tant sur le temporel que sur le spirituel. Comme Guillaume Postel, dans son *Orbis concordia*, comme Isidore Isolanis, comme Fialin, comme Bonjour, il rêvait l'établissement de la république du Christ, ou, suivant sa propre expression, de la monarchie du Messie. *La Cité du Soleil* renferme l'idéal de ce régime. Campanella procède dans sa fiction comme Morus, C'est un capitaine de vaisseau génois qui, dans le cours d'excursions lointaines, a découvert l'île de Topobrane et la Cité du Soleil ; il raconte ce qu'il a vu au grand-maître de l'ordre des hospitaliers. Les Solariens sont les plus heureux des hommes : ils ont pour chef un grand métaphysicien, qui gouverne au moyen de ses trois ministres, Puissance, Sagesse, Amour. Puissance a la guerre dans ses attributions ; Sagesse, les arts, les lettres et les sciences ; Amour, la vie physique et les théories de la génération. À chaque vertu sont affectées des magistratures qui y correspondent : quant aux vices, on n'a rien prévu ; à peine quelques fautes vénielles sont-elles punies par l'exclusion du repas en commun ou par l'interdiction du commerce des femmes. L'éducation est la même pour tous les Solariens, et l'ordre des mérites détermine la hiérarchie

Louis Reybaud

des pouvoirs. Le grand métaphysicien est la première capacité du pays. Campanella avait deviné le saint-simonisme. Du reste, tout est commun dans la Cité du Soleil, logements, lits et dortoirs. Tous les six mois, les magistrats désignent ceux qui doivent habiter dans telle ou telle enceinte, coucher dans telle ou telle chambre. Le travail est commun aussi ; seulement les magistrats en font la distribution, soit entre les sexes, soit entre les individus, de manière à ménager les forces et à concilier les aptitudes. La sollicitude de Campanella se porte principalement sur l'union des couples ; il en parle en moine exempt de préjugés. Son grand métaphysicien n'abandonne pas le croisement des races à la loi du hasard, aux vicissitudes du caprice ou de l'intérêt. L'individu, chez les Solariens, est sacrifié à l'espèce ; des fonctionnaires publics se chargent, dans un autre ordre d'améliorations, d'y représenter nos inspecteurs généraux des haras. Le choix des âges, des tempéraments, des époques favorables, des heures propices, devient l'objet d'études minutieuses et de détails que le latin seul tolère. Pour obtenir des sujets de choix, les Solariens ne reculent pas même devant la promiscuité ; Campanella les excuse avec l'autorité de Socrate, de Caton, de saint Clément, de saint Augustin. Comme Morus, le moine de la Calabre ne veut pas que l'argent monnayé ait cours dans sa ville imaginaire ; il admet seulement qu'il puisse servir aux échanges avec l'étranger. Les champs qui entourent la Cité du Soleil ne sont pas fécondés au moyen de matières en décomposition ; les habitants ont d'autres engrais plus actifs, plus sains, et qui ne communiquent pas à la végétation des miasmes pestilentiels. Pour ce travail, ils tirent un grand parti de l'observation sidérale ; les cieux, à leur sens, sont un livre où se trouve écrite la solution de tous les problèmes. Aussi l'astrologie occupe-t-elle une place étendue dans l'œuvre du dominicain.

On peut entrevoir déjà comment, dans ces créations chimériques, le plagiat, même dès l'origine, prévaut et s'établit. La fiction de Platon, prise comme point de départ se réfléchit dans celle de Morus, et Morus, à son tour, déteint pour ainsi dire sur Campanella.[1] Les analogies sont d'autant plus saillantes, que la scène se passe hors de la région des réalités. Ce caractère se retrouve dans une série de compositions identiques ; sur lesquelles il est sans intérêt de

---

1 L'*Utopie* de Morus est de 1518 ; *la Cité du Soleil* de Campanella est de 1637.

s'appesantir. Dans le nombre figure l'*Oceana* d'Harrington, qui, sous Cromwell, et avec une république en cours d'expérience, traça le programme d'une république imaginaire, ce qui faisait dire à Montesquieu « qu'il avait bâti Chalcédoine ayant le rivage de Byzance devant les yeux. » Au même titre on peut citer Jean Bodin, esprit à la fois sceptique et crédule, qui, vers, 1576, publia un livre intitulé *De la République*, écrit au milieu des troubles de la ligue, et empreint d'une tolérance fort rare en ces temps passionnés. Ni Bodin, ni Harrington, ne poussent aussi loin les choses que le chancelier d'Angleterre et le moine de la Calabre ; mais, sur bien des points encore, il y a imitation. On en peut dire autant d'une foule d'autres républiques imaginaires, comme celle des *Ajaïoiens*, qu'on croit être l'œuvre de Fontenelle, celle des *Sevarambes* (Bruxelles, 1677), celle des *Cessarès* (Londres, 1764), celle des *Abeilles*, qui fit quelque bruit dans le courant du siècle dernier. Dans plusieurs parties, *le Miroir d'or* de Wieland incline vers ces idées, qui se retrouvent encore, sous une forme précise et dogmatique, dans le *Catéchisme* de Boisset et dans le *Code de la Nature*, livre longtemps attribué à Diderot, mais qui est l'œuvre de Morelly, déjà entraîné sur ce terrain par une fiction intitulée *la Basiliade, ou les Iles flottantes*.

Ce *Code de la Nature*, auquel La Harpe, croyant s'attaquer à Diderot, donna quelque célébrité par une critique véhémente, a cela de caractéristique, qu'il contient, en termes exprès, toutes les combinaisons économiques dont plus tard s'inspira Babœuf. L'organisation matérielle de la communauté y est réglée dans les moindres détails et par articles. Ainsi, par la loi fondamentale, tout citoyen est déclaré *homme public*, devant être *susteuté* (le mot est textuel) *entretenu et occupé aux dépens du public*. Par la loi distributive, la nation est divisée en familles, tribus, cités et provinces. Les individus ne possèdent rien en propre, mais échangent entre eux les fruits de leur travail dans la mesure de leurs besoins. L'excédant des produits d'un district sert à combler les vides qui peuvent se présenter dans les districts voisins. Tout approvisionnement est interdit aux individus et aux ménages on ne doit avoir sous la main que les choses immédiatement nécessaires. Quand les objets agrément se trouvent en trop petit nombre pour pouvoir être d'un usage universel, la distribution en est suspendue. Morelly consigne ici un singulier détail : pour les comptes, il veut que l'on emploie le nombre dix et les multiples. Sa réforme a eu au moins raison sur ce point, et il se trouve, dès 1755 ; le précurseur de notre système décimal. À la loi distributive Morelly fait succéder la loi agraire, qui établit une sorte de conscription forcée pour la culture du sol : tout citoyen y est voué de l'âge de vingt à vingt-cinq ans. La loi *édile* règle l'administration de la cité, la disposition des quartiers, la création des hôpitaux, des prisons, des asiles pour la vieillesse. Les lois de police gouvernent surtout le travail et en fixent la hiérarchie. Jusqu'à trente ans, les vêtements sont uniformes. Le mariage est de rigueur à dix-huit ans. Chaque année, les adultes des deux sexes se réunissent sur la place publique, et, devant le sénat assemblé, les couples se choisissent avec une liberté entière. Les mères doivent allaiter leurs enfants ; mais, à l'âge de cinq ans, la communauté s'en empare. Les lois politiques constituent dans chaque cité un sénat, qui se compose de tous les pères de famille âgés de plus de cinquante ans ; le reste de la communauté a voix consultative. Chaque chef de famille devient à son tour chef de tribu à l'aide d'un roulement et pour un temps déterminé. Ce système de roulement, emprunté à Harrington, est le grand rouage politique de Morelly. Il sert à désigner des chefs de cité parmi les chefs de tribus, des clefs de province parmi les chefs de cité, enfin un chef supérieur parmi les chefs de provinces. Au-dessus des divers sénats siège un sénat suprême, sujet à un renouvellement annuel. Les lois pénales atteignent tous les membres de la communauté, depuis l'artisan jusqu'au souverain, et elles ne brillent pas par la clémence. Ainsi, tout individu convaincu d'avoir voulu introduire dans le pays « la détestable propriété est enfermé pour toute sa vie, comme fou furieux et ennemi de l'humanité, dans une caverne bâtie dans le lieu des sépultures publiques ; son nom est pour toujours effacé du dénombrement des citoyens ; sa famille en doit prendre un autre.1» L'assassinat, l'adultère, sont aussi prévus et frappés de diverses peines. Le 'Code de la Nature *a cet avantage sur les hallucinations du même genre, qu'il ne croit pas à la perfectibilité absolue et qu'il ménage une place au châtiment.*

À côté de ces travaux d'un ordre purement littéraire, il importe de placer des inspirations, différentes quant au mobile, semblables

1 *Code de la Nature*, p. 175.

quant au résultat. Ici l'extase remplace l'imagination, le sentiment religieux domine le sentiment philosophique. L'illusion consiste dans la prescience d'un paradis terrestre. Au lieu de le reléguer dans le passé, on le place dans l'avenir, et on y aspire avec une ferveur spirituelle et sensuelle. Près du berceau même du christianisme et au sein de la seconde génération d'apôtres, ce schisme éclate. Papias, disciple de saint Jean, évêque d'Héralde, annonce le gouvernement temporel du Christ, et conseille aux fidèles de se préparer à cette transfiguration nouvelle. De là les sectes des millénaires, des chiliastes et toutes lieurs variétés. Rien n'est plus curieux que leurs rêves, dont Towers a été l'interprète le plus hardi.1 Il faut voir dans son livre quel admirable séjour sera notre globe quand les temps du *millenium*, ce règne de mille ans, seront arrivés, et qu'il n'y aura plus qu'un maître ici-bas, Jésus. Les merveilles de l'âge d'or s'effacent devant cette Apocalypse nouvelle. Plus de séparations factices, plus de distinctions arbitraires : la fraternité évangélique gouverne le monde ; l'humanité ne forme plus qu'une famille. Toutes les causes de division, de trouble, de haine, disparaissent comme par magie. Le luxe des cours, l'insolence des grands, l'orgueil des riches, font place au sentiment profond de l'égalité : il n'y a de lutte que pour le dévouement. On ne reconnaît plus qu'un titre, la vertu ; on n'a qu'un souci, le bonheur commun. Les efforts des générations s'unissent pour dompter la nature et la mettre au service de l'homme. La science l'attaque sur tous les points, la désarme, l'assujettit ; la foudre est vaincue, les mers, se résignent. Il en est de même dans tout l'ordre physique : les poisons disparaissent, les bêtes malfaisantes sont retranchées de la création, les animaux les plus farouches réclament les honneurs de la domesticité. Les fils d'Adam jouissent enfin d'un héritage laborieusement conquis ; ils sont les souverains de la terre, et élèvent jusqu'à Dieu leur concert de victoire. Il n'y a plus ici-bas qu'un troupeau et qu'un pasteur, comme l'annoncent les Écritures. Ce régime est inséparable d'une paix universelle ; aussi les armées se dissolvent-elles, faute d'emploi. On ne tue plus, on ne punit plus ; le crime ayant cessé, la loi n'a plus besoin de glaive. Telle est l'apocalypse de Towers, et Winchester ajoute qu'au moment où le *millenium* commencera, tout œil humain pourra distinguer, pendant vingt-quatre heures, le corps de Jésus-Christ, suspendu sur l'équa-

1 Voyez *Illustrations of Prophecy*, par Towers.

Louis Reybaud

teur et visible d'un pôle à l'autre. Bellamy et Worthington font de cette métamorphose le point de départ d'un grand développement industriel, Sherlock celui d'une nouvelle fécondité agricole. Ainsi tout se trouve compris et intéressé dans cette seconde rédemption, le corps comme l'esprit ; la béatitude est complète. C'est merveilleux en vérité, surtout lorsque l'on songe que ce grand secret se transmet, depuis plus de mille ans, de rêveurs en rêveurs, de mystiques en mystiques. À ce compte, notre siècle, qui croyait avoir inventé la fraternité et la solidarité, la paix perpétuelle et la réhabilitation de la chair, ne serait plus qu'un plagiaire ; il aurait copié les chiliastes, il aurait refait le *millenium*. Pour l'émancipation du sexe, il se serait laissé devancer par Guillaume Postel ; pour les chimères du travail collectif, par les communistes du xvie siècle. Triste, mais inévitable aveu ! il n'y a plus désormais d'originalité, même dans l'absurde, et rien n'est nouveau ici-bas en fait de vertiges.

Les tentatives de ce genre ne sont pas même demeurées circonscrites dans les sphères de la spéculation. Comme il y a, dès l'origine des siècles, une école de théorie, il y a aussi une école de pratique. On n'a pas la ressource de dire que la communauté n'a point été essayée : elle l'a été et à diverses fois. Les thérapeutes et les *esséniens* ont laissé des traces dans l'histoire, des imitateurs dans le cours des temps. Leurs statuts, tels que les retracent Philon et Josèphe, se retrouvent chez beaucoup de corporations religieuses ou civiles, et forment l'élément principal de plusieurs combinaisons imaginaires. Les esséniens n'avaient rien qui leur appartînt en propre, ni maisons, ni terres, ni denrées ; tout chez eux était à chacun et à tous. Ils vivaient sous un toit assigné, mais la porte en demeurait constamment ouverte au coreligionnaire. Leurs repas, pris en commun, donnèrent naissance à ces agapes célèbres dans les premiers âges de la chrétienté ; leur continence devint la règle des ordres monastiques. On retrouve sans peine dans la vie de ces sectaires notre régime conventuel, qui impliquait l'abandon de toute richesse particulière au profit de la fortune collective ; on y découvre l'origine des biens de main-morte, des bénéfices, des redevances de toute nature qui défrayaient les besoins des corporations religieuses. Mais ce qu'il faut voir dans ces accidents de l'existence sociale, c'est moins le fait en lui-même que le mobile. Dans cet abandon du droit individuel, ce n'est pas la jouissance que l'on cherche, mais le sacrifice ; on n'y voit pas un plaisir, mais une épreuve. On sait bien que ce n'est point le bonheur sur la terre, on espère que ce sera le salut dans le ciel. La communauté est une expiation à laquelle on se résigne par piété, par fanatisme ; on comprend qu'elle n'est possible qu'avec l'esprit de détachement, de renoncement. Aussi n'y a-t-il rien à conclure de ces réalisations partielles, à moins qu'on ne prétende convertir le globe entier en un vaste monastère.

Diverses sectes ont même poussé les choses plus loin : elles ont admis le mélange des sexes dans la communauté, et substitué le travail collectif à l'oisiveté systématique, du couvent. De ce nombre sont les *moraves*. Le lien principal de leur association est l'ascendant religieux des chefs, leur bienveillance et leur dévouement sans bornes. On obéit volontiers à qui commande avec justice. Les moraves vivent en commun dans de vastes établissements. Chaque frère exerce un métier ou un art, et le produit de son travail est versé à la masse. Il n'y a entre eux d'autre hiérarchie que celle de l'âge. On distingue divers *chœurs* dans chaque maison, des chœurs d'hommes et de femmes, de veufs et de veuves, de garçons et de filles. Les enfants sont élevés ensemble, comme s'ils appartenaient au même père. Chez aucuns sectaires, le mysticisme n'exerce un empire plus grand : leur dévotion à Jésus remplit entièrement leurs âmes. Les jeunes filles sont les épouses du Sauveur ; leurs maris n'ont que le droit de procureurs fondés. La plaie latérale du Christ est l'objet d'une adoration particulière ; on voit cette plaie figurée sur leurs livres et sur les portes de leurs établissements. Des hommes qui se passionnent dans ce sens doivent évidemment regarder leur organisation temporelle comme un objet secondaire, et y apporter des dispositions qui rendent leur gouvernement facile. Les satisfactions que procure un culte mental étouffent ces jalousies, cette cupidité, ces ambitions, qui jettent tant de désordre dans nos sociétés humaines, et, grâce à l'ascendant religieux, la communauté morave se maintient, depuis un siècle, sans interruption comme sans progrès.

Le même mobile se retrouve dans les colonies d'Indiens que fondèrent, vers le milieu du dernier siècle, les jésuites du Paraguay.[1] Les éléments différaient cependant sur un point. Ces Indiens vi-

1 *Crislianismo fetice* de Muratori.

vaient à l'état sauvage, et l'application d'un mode de civilisation, quel qu'il fût, était pour eux un bienfait réel. Les jésuites d'ailleurs se montrèrent animés, à l'égard de leurs nouveaux sujets, de sentiments éclairés et bienveillants. Leurs missions ou *réductions* du Paraguay étaient gouvernées par un régime patriarcal tempéré de discipline catholique ; la communauté y existait plutôt dans les mœurs que dans les lois. Chaque Indien avait son champ, son troupeau, mais en dehors de cette propriété individuelle existait un vaste domaine commun que l'on nommait *la possession de Dieu.* Toute la colonie concourait à cette culture ; les produits en étaient affectés à l'entretien des infirmes, à la guérison des malades, aux frais du culte, au paiement du tribut envoyé chaque année au roi d'Espagne. Les hameaux situés dans des plaines fertiles réunissaient les conditions désirables de salubrité, de symétrie et même d'élégance. Ce peuple y vivait heureux, mêlant à l'exploitation du sol quelques industries manuelles, comme le tissage des toiles. On portait dans les magasins de la mission le produit du travail collectif, et le curé en opérait ensuite la distribution en raison des besoins. Ces établissements prospérèrent ainsi pendant plusieurs années ; mais la jalousie de quelques ordres rivaux parvint à en faire expulser les jésuites, et dès-lors cette civilisation éphémère dépérit peu à peu et s'éteignit sans retour. Il n'y avait là d'ailleurs qu'un phénomène naturel. Pour un peuple dans l'enfance, la communauté est le premier échelon de l'ordre social ; l'individu n'a pas encore la conscience de ce qu'il peut et de ce qu'il veut ; il a besoin d'une tutelle attentive. Les jésuites avaient donc parfaitement compris ce qui conversait à leurs administrés ; ils s'étaient substitués au rôle des anciens patriarches.1

1 Il existe en Franco, dans l'ancien Morvan, une communauté singulière sur laquelle M. Dupin aîné a écrit une notice pleine d'intérêt : c'est celles des Jault, située près de Saint-Saulge, dans la commune de Saint-Benin-les-Bois. Une grande maison d'habitation, distribuée en cellules, renferme une petite colonie agricole composée de trente-six membres ; hommes, femmes et enfants. Depuis plus de six siècles, l'exploitation des terres des Jault se fait en commun, et ce régime y a survécu à cinquante ans de révolutions. La communauté est gouvernée par un chef qu'ils nomment le *maître*, et qui semble résumer tous les pouvoirs comme tous les droits. M. Dupin aîné a expliqué par quels moyens les Jault étaient parvenus à conjurer le fractionnement qu'entraîne la division des héritages. Il est difficile de croire que cette curieuse anomalie puisse subsister longtemps encore : la communauté, du Morvan semble prospérer ; mais on aurait tort d'en tirer une conclusion favorable à une expérience sur une grande échelle. C'est là une exception comme celle des moraves

Il est utile de s'arrêter, un moment encore sur ces exceptions sociales. Elles ont pu offrir la réalisation d'une communauté intérieure précisément parce que la société n'obéissait pas à ce régime ; voilà ce qu'il importe de faire ressortir. L'abdication de la liberté, de l'intérêt, du droit individuel, y était volontaire sans doute, mais elle résultait d'une résignation ou d'une compensation religieuse. Le calcul n'y entrait pour rien, ou, s'il y jouait un rôle, il se portait au-delà de cette vie et spéculait pour l'éternité. La disposition de ces âmes, clôturées dans une enceinte ou enfermées dans un système, les amenait à regarder ce monde comme un lieu de passage, indigne d'attention et de regrets. C'était un avantage inappréciable. Avec de bons éléments, il n'est point de régime entièrement mauvais : ici les éléments valaient mieux que le régime, et lui communiquaient quelque vertu. Tandis que la grande société humaine plaçait le bonheur dans la jouissance et dans la liberté ; ces sociétés mystiques le faisaient consister dans la privation et dans l'obéissance. En apparence, c'était cela. Une règle inflexible réprimait les écarts et contenait les regrets. Là où les vœux étaient éternels, l'engagement indissoluble, il fallait se plaire dans cette condition ou dévorer ses douleurs ; là où le lien n'était que volontaire, la communauté rejetait dans le tourbillon du monde ceux que la vocation n'enchaînait pas suffisamment. Des deux côtés, il y avait, pour l'institution, une garantie suffisante, soit dans la compression, soit dans l'expulsion des individualités rebelles. La vie collective était maintenue de la sorte avec une entière rigueur, et le système portait des fruits, sinon sains, du moins satisfaisants au regard. Les communautés forcées demandaient à la société des armes pour maintenir la discipline ; les communautés libres la prenaient pour déversoir et s'épuraient ainsi par voie d'élimination. L'ascendant des chefs, leur science, leur sagesse, leur fermeté, faisaient le reste. Ainsi ont vécu ces corporations et ces sectes, vouées à la vie commune par l'indigence ou par le mysticisme, sans qu'on puisse rien en inférer de concluant pour la vertu générale d'un pareil régime.

Jusqu'ici pourtant, et dans cette limite, ces aspirations, ces tenta-

---

et des jésuites du Paraguay. Ce n'est pas d'ailleurs une communauté pure et simple, puisqu'en dehors de sa part afférente dans l'exploitation, chaque membre des Jault peut avoir une épargne personnelle, un *pécule*. On peut donc considérer cette association comme une sorte de commandite agricole, agissant dans un cercle prévu et pour des fins déterminées.

Louis Reybaud

tives, n'ont rien que de légitime. Satire ou idylle, extase religieuse ou protestation contre un monde profane, on peut tout accepter, pourvu que le débat se passe dans le domaine de la conscience et ne dégénère pas en prosélytisme passionné. Mais il est des gens qui ne comprennent qu'une sorte de tolérance, celle qui s'exerce à leur profit : après avoir combattu pour la liberté des convictions, ils profitent de la victoire pour opprimer celles des autres, s'imposent par la violence et demandent à la terreur la sanction de leurs systèmes. Cette forme de propagande eut des apôtres vers la fin des XIVe et XVe siècles. À leur tête figure l'hérésiarque Wicleff, qui, s'appuyant sur cent mille *lollards* révoltés, fit trembler l'Angleterre et la plaça sous le coup d'un bouleversement général. Le second, plus dangereux encore, fut le curé Muncer, de Zwickau ; disciple de Luther, il devint le chef des premiers anabaptistes. Sous le couvert d'un schisme religieux, Muncer conduisit la populace à l'assaut des propriétés. Le sénat de Mulhausen se prêtait mal à ses plans de spoliation ; Muncer le contraignit à se dissoudre. Ses moyens d'action sur la multitude étaient infaillibles ; il conviait les pauvres au partage de la dépouille des riches, et, traînant à sa suite des bandes avides de pillage, il les excitait par des harangues furieuses. « Nous n'avons tous qu'un même père, leur disait-il ; ce père est Adam. D'où vient donc la différence des rangs et des biens ? Pourquoi gémissons-nous dans la pauvreté, tandis que d'autres nagent dans les délices ? N'avons-nous pas droit aux biens qui, par leur nature, sont faits pour être distribués entre tous les hommes ? Rendez-nous, riches du siècle, rendez-nous, usurpateurs cupides, les trésors que vous retenez injustement. C'est à mes pieds qu'il faut les apporter comme on les apportait jadis aux pieds des premiers apôtres. » Un système de communauté qui montrait la dévastation en perspective, et qui s'adressait à la fois à la cupidité et au fanatisme, devait naturellement rallier des adhérents. Aussi le communiste du XVIe siècle se vit-il bientôt entouré d'une bande nombreuse qui ravagea l'Allemagne pendant plus de trente ans. Quand le landgrave de Hesse, prenant la défense de la civilisation menacée, attaqua et tailla en pièces les anabaptistes, ils étaient près de quarante mille ; sept mille d'entre eux restèrent sur le champ de bataille. Muncer leur avait promis d'arrêter les boulets avec la seule manche de sa robe : cette promesse fut vaine, comme on le pense ; l'imposteur n'eut pas même le pouvoir de sauver sa tête. Arrêté dans sa fuite, il fut exécuté peu de temps après ; mais sa mort ne mit pas un terme à cette affreuse croisade contre la propriété. Pour un chef tombé, il s'en présenta vingt. Les anabaptistes semblaient aussi renaître de leurs cendres. Rien ne se déroba dès-lors à leurs déprédations et à leurs outrages ; ils rançonnaient les villes et promenaient la dévastation dans les campagnes ; les églises, les monastères, n'étaient pas épargnés dans ce pillage universel. Vaincus et dispersés à plusieurs reprises, ils se reformèrent opiniâtrement et firent de la cité de Munster le siège de leur odieux empire. La partie aisée des habitants avait abandonné cette enceinte maudite ; les anabaptistes y régnèrent sans obstacle. Au boulanger Mathison, qui ordonna le sac des maisons bourgeoises, on vit succéder le tailleur. Jean de Leyde, qui proclama la polygamie comme loi de l'état, et s'y conforma le premier en épousant dix-sept femmes. Le supplice de pareils bandits ne suffit pas pour extirper leur secte, et longtemps l'Allemagne se ressentit de l'ébranlement causé par leur passage. On put voir, aux ruines dont ils jonchèrent le sol, ce qu'engendre, dans une interprétation populaire, l'utopie de la communauté, et quels vestiges elle laisse.

Aucune des formules que cette utopie suggère n'a donc été inconnue au passé. Avec Morus et Fénelon, elle a l'innocence et la fraîcheur de l'églogue, avec Platon les grâces de la philosophie, avec Campanella la témérité de l'imagination la plus libre. Pour les esséniens, les moraves, les jésuites du Paraguay, c'est l'Évangile pris à la lettre, la pratique de la fraternité, ou, pour parler la langue du jour, de la solidarité humaine. Les ordres catholiques y voient un séquestre, un détachement des vanités d'ici-bas, une expiation ; les sectes protestantes en font un instrument de félicité terrestre, un avant-goût du paradis. Muncer tranche sur toutes ces interprétations, et trouve dans la communauté le prétexte d'un désordre immense, d'une révolte implacable contre tout droit et toute loi. Il veut ramener le globe à l'enfance des sociétés et au règne de la force brutale.

Tout est désormais parcouru dans la sphère de ces idées et de ces faits ; le programme des spéculations imaginaires, des combinaisons pratiques se trouve épuisé. Désormais plus d'originalité sur ce terrain, les anciens ont tout dit ; ils ont eu leur thème pacifique,

Louis Reybaud

leur thème violent, et l'impuissance du principe se prouve par cette suite d'efforts avortés. Il nous semble que ce spectacle aurait dû suffire pour détourner les cerveaux contemporains, même les plus malades, d'une poursuite tant de fois essayée ; tant de fois reconnue vaine. Il n'en est rien : l'homme joue volontiers le rôle de l'insecte qui se brûle éternellement au même flambeau. L'expérience ne le guérit pas, et, dans l'ensemble de ses recherches ; il y a toujours une part pour l'impossible ; aliment des natures inquiètes et remuantes. Les âges modernes ont donc eu leurs communistes comme l'antiquité ; seulement il faut descendre de Platon à Babœuf, et passer du *Livre des Lois* au manifeste des *égaux*.

Les *égaux* (c'est le nom que se donnaient les disciples de Babœuf) appartiennent à cette secte de politiques qui, dans tous les temps, ont voulu imposer aux sociétés une certaine manière de comprendre et de définir le bonheur. La science du pouvoir consiste, d'après eux, à supprimer ce qui fait obstacle, et le meilleur gouvernement est celui qui s'arrange de manière à n'avoir pas de contradicteurs. Venus dans des temps orageux, les égaux ne pouvaient pas prendre la communauté à un point de vue sentimental. Ils prétendaient la faire pénétrer de force dans la vie française. Ils acceptaient bien, en la modifiant, la donnée bucolique de Morus et de Platon ; mais ils y ajoutaient les moyens de réalisation de Wiclef et de Muncer. Aux utopies païennes ils rattachaient les formules de l'Évangile, mêlaient les Gracques et Jésus-Christ, la langue des clubs et les réminiscences grecques et romaines. Leur originalité se composait ainsi d'emprunts, et les chimères passées jetaient toutes un reflet sur leur chimère. Quelques traits principaux suffiront pour la caractériser.

Comme leurs devanciers, les égaux commençaient par poser en principe que la propriété individuelle est ici-bas l'origine de tous les maux : la propriété collective est seule bonne et féconde. De là résulte la nécessité d'une expropriation générale des particuliers au profit du gouvernement. L'état dès-lors résume et concentre en lui toute l'activité nationale ; il substitue la gestion publique à la gestion privée. On se plaint quelquefois des inconvénients de notre centralisation : en voici une qui fera trouver légère celle que l'on accuse. Il est vrai qu'elle supporte en revanche de lourdes charges. L'individu abdique en faveur de l'état, mais l'état doit aux individus *une existence heureuse* ; ce sont les termes du programme. Comment s'y prendra-t-il ? Les égaux ne reculent pas devant ce problème. Ils commencent par tracer des divisions statistiques, classent le pays en zônes favorables à certaines cultures, puis sur cet espace distribuent les êtres qu'ils croient le plus utiles au développement de la production. Le travail dès-lors n'a plus rien de spontané ni d'arbitraire ; il devient une fonction, il est imposé par une loi, et la mesure en est réglée ; quant à la qualité, elle est ce qu'elle peut. Ainsi procède le régime du parfait contentement ; en disposant d'une manière mécanique de l'activité individuelle, il abolit, à ce qu'il semble, l'une de nos plus douces libertés, celle de ne rien faire, et détruit le plus innocent de tous les privilèges, celui de faire mieux que les autres.

À côté du pouvoir d'imposer le travail à ses administrés, l'état a un devoir bien grave, celui de les faire vivre. Toutes les existences sont placées sous sa responsabilité ; il faut qu'il défraie, dans les moindres détails, les besoins de la communauté. Ce peuple attend chaque jour sa nourriture comme le prophète attendait son pain dans le désert. Il importe qu'il y en ait pour tous, et pour tous en dose égale. Les plus grandes iniquités ont souvent commencé par de petits abus. Des magistrats président donc à la répartition comme à la production générale. Comptables universels, ils doivent pourvoir les zones pauvres avec l'excédant des zones riches, présider à la circulation des denrées de manière à ce qu'aucun citoyen n'ait le droit de les accuser de l'insuffisance de ses repas, de la qualité et de la quantité des mets qui le composent. La critique est dans l'essence de l'esprit humain : il y aura des réclamations, il faut s'y attendre, et la question alimentaire partagera plus d'une fois le gouvernement lui-même. Mais, d'un autre côté, jamais arme plus terrible n'aura été remise aux mains du pouvoir central. Qu'une province s'agite, à l'instant même on lui supprime les approvisionnements ; la révolte meurt d'inanition.

Les égaux, on le voit, n'hésitent devant aucune difficulté ; la hardiesse n'est pas ce qui leur manque. Les grands centres de population les embarrassent : ils abolissent cet élément d'agitation et d'immoralité ; point ou peu de villes, beaucoup de bourgs et encore plus de villages. Le luxe prend naissance dans les villes, et du luxe il n'en faut pas. Une honnête aisance (le mot appartient au

Louis Reybaud

programme des égaux) doit être désormais la condition générale, uniforme ; rien au-dessous, rien au-dessus. Aussi les palais disparaîtront-ils ; à peine tolérera-t-on la magnificence dans les monuments publics. En revanche, les maisons seront commodes et surtout installées de manière à n'exciter, par la comparaison des logements, aucune jalousie. Ce sera le souci et aussi l'honneur des architectes de trouver un juste milieu entre le premier et les mansardes. Quant aux vêtements, l'égalité et la simplicité en règlent la forme et la matière. On a des costumes de fête, des costumes de travail ; on varie l'habillement selon les âges et les sexes, mais, hors de ces nuances, l'uniformité doit être absolue. L'état accorde tout à la salubrité et au développement des organes ; il ne fait aucune concession à la vanité et à la coquetterie. La loi somptuaire est inflexible ; les femmes se révolteraient en vain.

Autre sujétion maintenant, autre peine en vue du bonheur. Les mères tiennent à leurs enfants dans notre état de civilisation imparfaite ; elles aiment à les élever, à les voir grandir. Les égaux n'admettent pas ces satisfactions domestiques ; l'état s'applique cette tache nouvelle : « La patrie, dit le manifeste, doit prendre le citoyen à sa naissance et ne l'abandonner qu'à la mort. » Les enfants, dès le plus bas âge, passent donc sous la tutelle du gouvernement. Leur éducation (le programme l'annonce) doit être nationale, commune, égale. Les deux sexes, placés dans des établissements distincts, deviennent l'objet de soins attentifs et assidus. Le développement physique n'est pas négligé ; le pays a besoin surtout de citoyens robustes et de citoyennes fécondes. L'enseignement porte plutôt sur les matières d'utilité pratique que sur celles d'instruction spéculative. Quant aux arts et aux lettres, les égaux ne les envisagent qu'avec défiance et sont bien près de les traiter en ennemis : « Ce qui n'est pas communicable à tous, disent-ils, doit être sévèrement retranché. » La langue, l'histoire, la législation, les sciences naturelles, trouvent grâce auprès d'eux : ils couvrent même de leur tolérance la danse et la musique ; mais la philosophie et la théologie, la poésie et le roman, la statuaire, la peinture, la gravure, leur semblent des frivolités suspectes, des prétextes pour échapper à une occupation réelle et sérieuse. Aussi ne veulent-ils pas voir là un travail, mais un simple délassement. On sera artiste si l'on veut, mais il faudra de plus être laboureur et quitter le pinceau pour la charrue. Cette excommunication brutale des délicatesses de la vie n'est ni ingénieuse ni nouvelle ; Procuste avait trouvé, longtemps avant les égaux ; le moyen de réduire tout le monde à sa taille.

Jusqu'ici cette égalité, source de tout bonheur, ne s'est guère signa-lée que par des sacrifices. Elle a disposé de l'individu comme d'un automate, aboli les relations de famille en s'emparant des enfants, supprimé les arts et les lettres dans l'intérêt de l'ignorance com-mune. Que lui reste-t-il à immoler ? La liberté de la pensée. Cette exécution ne se fait pas attendre. « Nul ne peut émettre des opinions contraires aux principes sacrés de l'égalité. » Telle est la loi, et elle a des airs menaçants pour les raisonneurs. Le bonheur des égaux est ainsi fait ; il ne se laisse pas discuter, il faut s'y plaire par ordre. Sa vertu repose dans une suite de servitudes. Partout une disci-pline inexorable se retrouve. Cependant, en plusieurs occasions, cette égalité se permet d'être inconséquente et contradictoire. Pour de certains emplois, elle exige des conditions de capacité ; pour d'autres fonctions, elle reconnaît le privilège de l'âge. Avant d'être inscrit au livre d'or des citoyens, il faut confesser publiquement la croyance communiste ; autrement on se voit expulsé du territoire et condamné à un exil éternel. Rien d'ailleurs ne semble formel dans cette organisation pleine de démentis et d'ellipses. Ce pouvoir n'est terrible qu'en apparence ; ce despotisme manque de sanction ; on voit l'obéissance partout, on n'aperçoit nulle part les moyens de la maintenir. Des assemblées populaires délèguent leurs pouvoirs en les retenant : tout le monde gouverne et personne ne gouverne. L'armée est une institution mobile, se composant, se décomposant suivant le besoin. Tous les citoyens en font partie ; la paie se réduit au seul entretien, les grades sont électifs et temporaires. Le géné-ral redevient soldat, le soldat passe général ; l'égalité se rétablit par l'équilibre des inégalités. De cette façon, rien ne prend le caractère d'un privilège permanent. La dissolution de l'armée est une garan-tie contre la dictature militaire ; la destitution des magistrats, la fa-culté de censure, réservées au peuple, sont un frein contre les abus et les empiétements du pouvoir. Chacun porte ses chaînes, subit sa part d'esclavage. Vis-à-vis des étrangers, ce despotisme est plus odieux encore : les égaux les frappent d'interdit ou les condamnent à un séquestre rigoureux. Des barrières infranchissables doivent s'élever sur la frontière, afin de préserver le pays de tout contact

Louis Reybaud

impur, comme si la communauté craignait les ravages de l'exemple et n'avait pas la conscience entière de son droit. Une douane impitoyable a en outre pour consigne de confisquer, le cas échéant, les frivolités étrangères, les modes, les produits corrupteurs, et les furieux obstinés paient par de rudes épreuves le spectacle de cette félicité ombrageuse.

Ainsi fonctionne ce régime des égaux, qui n'est autre chose que la vie sociale sous un appareil pneumatique. On y étouffe, on y manque d'air ; le fatalisme s'y complique d'une activité machinale et d'un anéantissement de la personnalité. Les égaux, il faut le dire, ne se flattaient pas que les bienfaits de cette métamorphose fussent compris sur-le-champ : ils avaient prévu des résistances et s'étaient réservé les moyens d'agir sur les volontés rebelles. La force entrait en première ligne dans leurs projets : ils devaient engager le combat avec la vieille civilisation, et ne déposer les armes qu'après l'avoir vaincue. Peu de mesures, mais des mesures héroïques, complétaient leur plan de campagne. On y lisait : « ART. 1er. À la fin de l'insurrection, les citoyens pauvres qui sont actuellement *mal logés* ne rentreront pas dans leurs demeures ordinaires ; ils seront immédiatement logés dans les maisons des conspirateurs. ART. 2. L'on prendra chez les riches ci-dessus de quoi meubler *avec aisance* les sans-culottes. » Dans une autre pièce, destinée à devenir publique, les résultats de l'établissement du système vainqueur sont présentés sous le jour le plus séduisant. « ART. 2. *Distribution des biens.* — La communauté nationale *assure*, dès ce moment, à chacun de ses membres un logement sain, commode et proprement meublé ; des habillements de travail et de repos, de fil ou de laine, conformes au costume national ; le blanchissage, le chauffage, l'éclairage ; une quantité suffisante d'aliments en pain, viande, volaille, poisson, œufs, beurre et huile, vins et autres boissons usitées dans différentes régions, légumes, fruits, assaisonnements et autres objets dont la réunion constitue *une médiocre et frugale aisance.* » Cette énumération peut donner une idée du gouvernement des égaux et de la sollicitude avec laquelle il comptait pourvoir aux besoins de la communauté. Plus loin, il a également le soin d'indiquer dans quelle mesure il accordera sa confiance aux fonctionnaires publics. « Les agents de l'administration *suprême*, dit un article, seront *souvent changés* : les prévaricateurs seront sévèrement punis. » Ainsi l'on sait flatter les passions les plus vives et sacrifier aux répugnances les plus profondes du cœur humain ; on caresse le désir du bien-être personnel, on offre des garanties contre l'exploitation administrative. Ce double calcul est adroit ; il témoigne que les égaux, en se livrant à l'imaginaire, n'avaient pas entièrement perdu le sentiment du réel.

Il n'y a pas à discuter particulièrement leur utopie ; elle ressemble à celles qui ont précédé et se réfléchit dans celles qui vont suivre. On y voit dominer cette abstraction infaillible et toute-puissante qui, sous le nom de gouvernement, joue le rôle, d'un dieu descendu sur la terre. C'est là une tendance qui ne saurait être trop remarquée. La dernière conséquence de l'esprit révolutionnaire semblerait être le despotisme. Naguère on se défiait du pouvoir, on le tenait pour suspect ; le combattre et le limiter était la tâche des hommes qui s'en tiennent à l'écart. Maintenant rien de tout cela : on parle au contraire d'étendre, d'une manière indéfinie l'action de l'autorité ; et non-seulement dans la politique, mais dans l'ordre entier des relations humaines, vulgaires ou élevées, grandes ou petites. On pensait trier que la puissance qu'ont les individus de disposer d'eux-mêmes et d'exercer librement leurs facultés était la plus précieuse conquête des siècles ; aujourd'hui on affirme qu'il n'y a de perfectionnement possible que dans la servitude des individus, dans l'enchaînement de leur essor particulier. Telle est la logique des partisans de la communauté. Un homme devient un chiffre, une simple unité, et toutes les unités se valent. Le despotisme ne s'exercera plus du fort aux faibles, mais des faibles aux forts ; il n'ira plus des intelligents aux ignorants, mais des ignorants aux intelligents. Le règne des intelligents et des forts n'a pas été exempt d'abus, d'injustices et de violences ; celui des ignorants et des faibles sera un modèle de mansuétude, de désintéressement et de vertu. Réduite aux termes les plus simples, ainsi s'exprime la nouvelle théorie.

À cette illusion vient s'en joindre une autre. Les partisans de la communauté attribuent une grande puissance à la suppression des valeurs métalliques et des signes représentatifs analogues. Tous, ils s'imaginent que cette mesure aura pour effet d'empêcher l'accumulation des richesses et de détruire l'accaparement. C'est se rendre bien imparfaitement compte du rôle que jouent la monnaie

Louis Reybaud

et les équivalents dans le régime économique : l'action de ces valeurs n'est pas directe, mais indirecte ; c'est là une vérité élémentaire. L'argent une fois disparu, la convoitise humaine s'attachera aux objets eux-mêmes, aux produits, aux jouissances dont il n'est que l'intermédiaire. Si les échanges demeurent libres entre les individus, ce sera à la monnaie près, le régime actuel, et l'épargne ou l'habileté auront bientôt créé l'accumulation. Si le gouvernement proscrit les échanges et s'attribue toute l'activité industrielle, commerciale et agricole, la cupidité particulière se manifestera par voie de détournement, de dissimulation de produits, par des besoins feints ou des réserves cachées, comme cela arrive dans toutes les distributions en nature. À l'aide de quels moyens complètement efficaces l'état pourra-t-il empêcher le vigneron de boire quelques pièces de son vin, le laboureur de se réserver quelques sacs de son froment ? Faudra-t-il les obliger l'un et l'autre à transporter en gros leurs récoltes dans les magasins publics pour leur donner le souci d'aller les reprendre plus tard en détail ? Ensuite, où est la garantie d'une répartition impartiale ? Les magistrats investis de cette fonction, ou, sinon eux, leurs agents subalternes ne seront-ils pas tentés de s'appliquer quelques raffinements clandestins ? Il est vrai que les communistes font profession de se défier des magistrats ; leur société sera donc, comme la nôtre, fondée sur le soupçon mutuel et sur un système de défensive. Seulement, le contrôle s'exercerait alors sur une plus grande échelle, et la vie privée des fonctionnaires publics se trouverait constamment placée sous la menace d'une dénonciation. A ce prix, le service de l'état commence à devenir rude ; les plus ambitieux reculeraient peut-être devant une telle responsabilité.

De la secte des égaux on arrive, sans intermédiaire, aux communistes de notre temps. De ce côté du détroit, la trace de ces idées s'efface sous l'empire et sous la restauration, régimes peu favorables aux systèmes ; mais, en Angleterre, Robert Owen proclame alors sa communauté coopérative et son gouvernement rationnel. Jamais négation plus effrayante ne fut énoncée avec plus de sang-froid. Point de religion, point de mariage, point de famille, point de propriété. M. Owen conçoit une société sans liens, sans croyances, sans devoirs et sans droits. L'existence terrestre est la seule chose qui le touche il n'imagine rien au-delà. En envisageant de près notre destinée, il avise en outre que l'homme n'est pas le maître de la dominer à son gré, qu'il est au contraire le jouet de circonstances irrésistibles. Ni l'éducation, ni le caractère, ni l'intelligence, ni la force physique, ne sont des facultés entièrement dépendantes de la volonté humaine. Tout être subit la loi de la nature ou des évènements. Si cela est ainsi, n'y a-t-il pas une injustice flagrante à le rendre responsable d'actes qui ne sont pas libres ? M. Owen le croit et réveille la longue et ancienne querelle des *nécessariens* et des *pélagiens*. La fatalité seule détermine ici-bas le bien et le mal. Il ne saurait donc y avoir ni mérite, ni démérite ; on a tort de récompenser et tort aussi de punir. Quand on arrive à de telles conclusions dans l'ordre moral, on est rigoureusement conduit à la communauté dans l'ordre des intérêts. M. Owen la conçoit sans limites et sans règles. Chacun prend où il veut, fait ce qu'il veut ; la société marche à l'aventure. Les modes d'organisation sont purement facultatifs. M. Owen n'admet rien d'obligatoire. La bienveillance universelle doit tout remplacer, lois, mœurs, armée, prisons, gouvernement. Cela s'appelle, dans la langue de l'inventeur, le *régime rationnel*, ce qui ne veut pas dire le régime raisonnable.1

On sait quels efforts a faits, depuis près d'un demi-siècle, M. Owen pour répandre sa singulière doctrine, et quelles transformations pratiques et spéculatives il lui a imprimées. Un essai heureux à New-Lanark a été suivi d'expériences avortées à New-Harmony et à Orbiston. Sur ces deux points, on a pu voir le principe de la communauté à l'œuvre. Invariablement il a offert le même spectacle, celui d'ouvriers laborieux victimes d'ouvriers fainéants, d'hommes intelligents exploités par des hommes incapables ; toujours il a présenté le même résultat, celui d'un anéantissement graduel de la production et d'un éloignement invincible pour le travail. Quoiqu'il fût évident que les choses devaient se passer ainsi, il est heureux que l'épreuve en ait été faite, et qu'elle ait abouti à deux avortements décisifs. M. Owen seul s'est refusé à voir dans ces échecs la condamnation de son système, et il n'en a pas moins continué son œuvre de prosélytisme. Tantôt son zèle éclate en discours, en manifestes de tout genre ; tantôt il se reporte vers de nouveaux essais et provoque des souscriptions en faveur d'un

---

1 Pour de plus amples détails sur la doctrine de Robert Owen, on peut consulter un article inséré dans la *Revue*, livraison du 1ᵉʳ avril 1838.

Louis Reybaud

établissement expérimental. Pour concentrer l'action de sa doctrine ; M. Owen a fondé un congrès annuel à Manchester et créé dans les trois royaumes soixante-une sociétés qui relèvent d'une société centrale. Jusqu'ici toutes ces tentatives n'ont amené qu'une agitation impuissante. Limitée à un petit nombre d'hommes qui vont toujours vers la nouveauté et vers le bruit, la secte des *socialistes* (c'est le nom qu'ils se donnent) n'est en progrès fi pour le nombre ni pour la qualité des adhérents. Elle se recrute surtout dans la classe moyenne, parmi ces hommes qui ont plus d'orgueil que de connaissances : clercs d'huissiers et d'avoués, industriels en faillite, chirurgiens et médecins de village, ingénieurs sans emploi, artistes sans talent, professeurs manqués, étudiants paresseux, écrivains incompris. En Angleterre plus qu'ailleurs, il existe des vanités incurables, des organisations indolentes qui veulent cumuler les avantages du bien-être et de l'oisiveté. Ne se croyant pas à leur place, ces génies méconnus se gardent bien de s'en prendre à eux mènes : ils font un procès à la société, la condamnent sans appel, et décrètent qu'elle sera changée.

Ce que les socialistes demandent à la persuasion, les chartistes le demandaient naguère à la violence. On se souvient des dévastations qui accompagnèrent leur premier passage et de la condamnation de Frost et de William, leurs principaux chefs. Depuis ce temps, les chartistes semblent s'être disciplinés ; ils forment aujourd'hui une masse imposante par le nombre. Londres en compte deux cent mille, le reste de l'Angleterre deux millions, répartis dans trois cent-soixante-dix villes, bourgs ou villages. Une pétition récemment portée au parlement était couverte de trois millions trois cent dix-sept mille sept cent deux signatures. Il ne faut pas s'exagérer cette démonstration formidable en apparence. L'Angleterre est habituée à ce genre de manifestations, et le pouvoir ne s'en émeut pas. Le véritable danger serait plutôt dans la nouvelle attitude qu'ont prise ces sociétés populaires et dans la modération qu'elles semblent désormais s'imposer. Le caractère de la dernière pétition était tout politique ; on n'y remarquait aucun appel au désordre, aucune menace contre la propriété. Les signataires réclamaient la réforme du parlement, le vote au scrutin, l'égalité pour les districts électoraux. Ils rappelaient que le clergé en Angleterre reçoit du trésor public 220 millions de francs, somme suffisante pour

Des idées et des sectes communistes

l'entretien du christianisme dans toutes les parties du monde. Ils demandaient que l'on prît en considération la détresse des classes laborieuses, le triste sort que la dernière loi sur le paupérisme a fait au malheureux.

Ce langage relativement modéré, cette démarche légale auprès du parlement, substitués à une déclamation farouche et à l'emploi de la force, prouvent qu'une modification profonde s'est opérée dans le chartisme. Elle est due surtout à deux ouvriers, MM. Lovett et Vincent. Un journaliste, M. O'Brien, s'y est associé, et un ancien membre du parlement, M. Fergus O'Connor, couvre le tout d'un patronage assez déconsidéré. Aujourd'hui, une certaine direction a été imprimée au chartisme, qui veut prendre la couleur et la gravité d'un parti politique. Il a porté naguère un candidat sur les *hustings*, M. Sturge, et aspire à dominer le radicalisme parlementaire. Dans ces conditions, toute pensée de bouleversement social serait funeste au chartisme, et il s'en éloigne avec un soin extrême ; il a passé de l'action à la discussion. C'est une nouvelle période dans laquelle il sera curieux de le suivre. Déjà ce parti commence à se confondre avec une ligue purement défensive, organisée sous le nom de *Trudes Union* (union du commerce), qui n'est autre chose qu'une coalition puissante des ouvriers contre les maîtres. Les maîtres s'étaient concertés pour dominer le mouvement des salaires ; les ouvriers ont répondu à ce pacte par un pacte semblable. Dans plusieurs villes industrielles, ils sont aujourd'hui comme enrégimentés ; ils obéissent aux ordres de leurs chefs avec une résignation exemplaire, suspendent les travaux au premier signal, changent de résidence toutes les fois que l'intérêt commun l'exige, et, quand il le faut, diminuent le nombre des bras en passant à l'étranger. Si cette association se maintient, il en naîtra une force d'autant plus terrible qu'elle sera toute d'inertie.

Nos communistes français constituent une variété de cette nombreuse famille. Cependant ils ne relèvent pas de l'école anglaise, et trouvent dans Babœuf une filiation beaucoup plus directe. Une circonstance décisive semble surtout avoir amené ce retour au manifeste des égaux : c'est l'ébranlement général et souvent remarqué qui suit toutes les révolutions ; la plus légitime éveille toujours, en dehors des limites qu'elle s'est assignées, des espérances et des tentatives hostiles. L'effervescence se perpétue dans les faits, la révolte s'éternise dans les doctrines. De là cette suite de systèmes auxquels notre époque est, en butte. Combien a-t-on vu passer, depuis douze ans, de ces religions nouvelles ou rajeunies, de ces civilisations incomparables qui promettent à l'homme le bonheur parfait et la fin de ses misères ! Jamais le culte des sens n'avait eu de si nombreux apôtres et des autels plus multipliés. Que d'hymnes on a chantés en l'honneur de la félicité matérielle ! que de plans on a imaginés ! Avec ou sans travestissement public, c'était toujours la même tendance. Les communistes s'en sont à leur tour inspirés ; seulement, à des formules compliquées ils ont substitué la plus simple des formules : l'organisation scientifique des intérêts a fait place à la spoliation.

C'est un thème fort commun aujourd'hui que de subordonner les réformes politiques aux réformes sociales. On n'aspire plus, parmi les révolutionnaires dignes de ce nom, a renverser un gouvernement. Cette perspective pouvait suffire autrefois ; actuellement elle ne tenterait que des ambitions vulgaires. Ce qu'il faut détruire, c'est la société, c'est la civilisation, telles qu'on les a comprises jusqu'à nous. Voilà une poursuite qui peut s'avouer. On déclare donc que l'on professe pour le gouvernement un respect infini, mais que, dans l'ordre entier des relations humaines, on ne veut rien laisser debout de ce qui existe. Tout cela se débite avec un merveilleux sang-froid. Les communistes ont adopté, comme les autres, cette méthode de subversion. Ils professent un souverain mépris pour la politique, ou ne l'envisagent que comme un instrument secondaire dans leur œuvre de nivellement. À leurs yeux, rien n'est plus puéril que les petites querelles qui se vident, soit dans le parlement, soit ailleurs. Quand on songe à abolir d'un seul coup la propriété et la famille, il est certain que ces questions de détail doivent paraître bien petites et bien vaines. Les communistes n'admettent ni demi-mesures ni demi-succès ; il faut que la société capitule, se mette à leur discrétion. Hors de là, il n'y a de place que pour des discussions oiseuses.

Quoiqu'il soit possible de rattacher les sectes communistes aux, diverses sectes sociales et religieuses qui se sont dispersées, il y a quelques années, dans les voies du doute et du découragement, ce n'est guère qu'après la dernière défaite des insurgés politiques, au 12 mai 1839, qu'on trouve le communisme à l'état d'organisation, même informe. La révolte armée était vaincue ; la révolte théorique lui succéda. Déjà, à Lyon, une sorte d'association communiste s'était fondée sur les ruines du *mutuellisme* ; mais, conduite avec modération, elle avait limité sa tache à des œuvres de secours et de bienfaisance. Rien ne prouve que ce cercle d'action ait été franchi. À Paris, on garda moins de mesure, on eut plus d'ambition. Aux débris des sociétés secrètes s'unirent les hommes qui depuis longtemps se promenaient d'utopie en utopie. Robert Owen était venu à Paris, et, dans une courte apparition, y avait formé quelques disciples. Des feuilles paraissant tous les mois, et ne coûtant que trois ou quatre francs par an, se posèrent comme les organes des doctrines communistes. À Lyon, *le Travail* ; à Paris, *la Fraternité* et *le Populaire*, prirent formellement cette couleur. *Le Communitaire* et *l'Humanitaire* se firent aussi connaître, l'un par un prospectus, l'autre par quelques numéros qui ont servi de base à une instruction judiciaire. Divers procès, soit en police correctionnelle, soit devant une juridiction plus élevée, portèrent bientôt à la connaissance du public les premiers résultats de ces divers efforts. Évidemment il n'y avait rien dans tout cela de bien redoutable : le ridicule de ces tentatives excluait l'idée d'un danger ; elles ne pouvaient faire naître que des frayeurs intéressées. On se souvient de cet incident d'un procès communiste où le rédacteur en chef d'une feuille incriminée déclara avec naïveté qu'il ne savait ni lire ni écrire. À ce sujet, un homme qui prétend à quelque gravité, M. Pierre Leroux, a pris la peine de rappeler que les Montmorency en étaient, il y a deux siècles, au même degré d'instruction élémentaire, et que le groupe des premiers apôtres se composait de plébéiens ignorants. Il est glorieux sans doute de ressembler à la fois aux premiers barons de la chrétienté et aux propagateurs de l'Évangile ; mais s'ensuit-il que le gouvernement du monde doive désormais appartenir, aux illettrés ?

À tout prendre, ces communistes sans culture ne déparent pas complètement la partie de ces sectes qui a une teinture de l'alphabet et peut tenir une plume. Jusqu'ici les écrivains qui ont traité ces matières ne brillent ni par l'invention, ni par l'exécution. On ne saurait être plagiaire avec plus de candeur, ni vivre d'emprunts avec plus de prétention, à l'originalité. Le champ de l'absurde est borné et s'épuise plus promptement qu'on ne croit. Aussi rien,

Louis Reybaud

dans les œuvres récentes, ne s'écarte-t-il de la sphère des travaux passés ; il règne même, sur beaucoup de points, une imitation presque servile. Le système auquel l'instruction de la cour des pairs a donné quelque notoriété, et qui décrète l'anéantissement des grandes villes, la suppression des beaux-arts, l'obligation des voyages, l'organisation des ateliers nationaux, en même temps qu'il tient pour suspecte l'existence de l'Être suprême, ce système se retrouve en entier, avec ses moindres linéaments, dans Buonarroti, dans Campanella, dans Morelly, dans Sylvain Maréchal, dans le curé Meslier. Aucune de ces folies n'a le mérite de la nouveauté : on a pu voir qu'elles comptent toutes une longue suite d'auteurs et de copistes.

Cependant, même au sein du plagiat, le schisme a pu germer : la vanité est moins rare que le génie. Dans cette armée de novateurs audacieux, tout le monde veut être général, personne ne se résigne à servir comme soldat. On chercherait vainement un parti, une école ; il n'y a que des atomes d'école et de parti. Il suffit qu'un chef s'élève pour qu'il soit, à l'instant désavoué. Une témérité, quelque grande qu'elle soit, provoque toujours une témérité plus complète. Ce résultat n'a rien qui doive surprendre ; il tient à la nature même des éléments dont se composent ces partis. La présomption individuelle y joue un grand rôle, et l'activité indomptable dont ils sont doués cherche un aliment dans ces luttes intestines. Ils se condamnent de la sorte à la plus entière impuissance, mais ils obéissent à leur instinct. Il serait difficile de dire en quoi consistent les nuances qui les divisent : peut-être n'y faut-il voir qu'une simple différence de noms. On cite toutefois des *égalitaires* ; des *fraternitaires*, des *humanitaires*, des *unitaires*, des *communitaires* ou *icariens*, des *communistes*, des *communionistes*, des *communautistes* et des *rationalistes*. Cette récapitulation serait formidable si l'on n'ajoutait que chacune de ces sectes ne compte qu'un petit nombre d'adhérents. Il en est même dont le chiffre descend jusqu'à l'unité : ce sont les seules qui soient à l'abri d'un fractionnement nouveau.

On a beaucoup exagéré, il est facile de comprendre dans quel intérêt, les ravages que ces idées ont pu faire parmi les classes laborieuses. Quoique les éléments d'une vérification se laissent désirer sur ce point, il est cependant un fait qui peut servir de mesure et de règle. Parmi les feuilles populaires à trois francs par an qui

Des idées et des sectes communistes

ont entrepris la propagation des idées communistes, quatre ont déjà succombé ; les deux qui survivent n'ont pu réunir qu'un très petit nombre de souscripteurs. La contagion du communisme n'a donc pas été grande ; les ateliers n'en ont pas subi l'influence autant qu'on affecte de le dire. S'il a fait quelques victimes, c'est plutôt parmi les esprits qu'égarent les conseils d'une demi-science et l'ambition d'un rôle excessif. Tous les vertiges se donnent la main ; le saint-simonisme et l'église française ont fourni des sujets au communisme. Jusqu'à un certain point, il a pu aussi, atteindre quelques jeunes imaginations ; quelques cœurs sincères à qui manquent les conseils de l'expérience et le sentiment des réalités. La fraternité et l'égalité sont des mots bien sonores, et, après tout, désirer que l'une et l'autre règnent sur la terre, c'est vouloir ce que veut l'Évangile. Soyons dès-lors indulgents pour ces excursions dans le pays des chimères ; notre siècle positif fera vite justice de pareils élans. On improvise aujourd'hui, au sortir des bancs de l'école, un plan de réforme sociale comme naguère on rimait une tragédie. C'est le tribut de l'âge ; plus d'un cerveau le paie. Mais, avec les années, arrivent d'autres convictions et d'autres soins. On voit mieux ce qu'est la vie, ce que valent les hommes. On oublie qu'on a voulu régénérer le monde pour remplir les devoirs personnels qu'impose la société, et si, dans le nombre, quelques esprits résistent à cette loi du temps, le monde les punit par le délaissement, la plus terrible des peines.

Parmi les écrivains qui se sont faits, de nos jours, les interprètes des principes communistes, il n'en est guère qui méritent les honneurs d'une réfutation. On peut toutefois distinguer, parmi eux, deux sortes d'adhérents, les uns confessant leur doctrine, les autres ne l'acceptant que sous des réserves et la désavouant au besoin. Il va sans dire que les situations les plus franches sont aussi les meilleures ; les erreurs sincères sont les seules qui soient dignes d'excuse. Parmi les communistes avérés figure l'auteur d'un *Voyage en Icarie*.1 Il s'agit encore, dans ce livre, d'une communauté imaginaire, d'une fiction, d'un régime idéal. L'Icarie est un continent merveilleux, séparé par un bras de mer du pays des Marvols. On la chercherait vainement sur nos cartes ; un seigneur anglais, lord Carisdall, qui l'a découverte ; pourrait seul nous y conduire. Ce lord

---

1 M. P. Cabet, ancien député et avocat-général, aujourd'hui avocat à la cour royale.

Louis Reybaud

Carisdall est en outre le héros d'un récit dans lequel Buonarroti et Morus, Fénelon et Campanella se donnent la main à travers les siècles. L'Icarie est une terre promise ; elle doit ce bonheur au pontife Icar, qui a un faux air de famille avec l'Utopus du chancelier d'Angleterre et le grand métaphysicien de la Cité du Soleil. Icar est mort quand lord Carisdall arrive à Icara, capitale de cet empire ; mais d'étonnantes institutions survivent à ce législateur. Le voyageur a remis au consul du port d'embarquement deux cents guinées ; cette somme suffira pour défrayer son séjour dans l'Icarie : le gouvernement lui doit en retour la nourriture ; le logement, et tous les raffinements de la vie locale. On le transporte dans des voitures à deux étages, on le fait, promener en ballon ; il a sur-le-champ un interprète officieux, des amis, une famille. Quelle existence tissus d'or et de soie ! quels jours heureux et limpides ! Rien, il faut le dire, parmi nos capitales les plus vantées, n'approche de la splendide Icara. Point de boue, point de poussières dans les rues ; de petits chemins de fer les sillonnent. Les carrosses sont interdits, mais tout le monde a droit au transport en commun. La voie publique offre ainsi des conditions de sécurité parfaite. Les piétons cheminent sous des arcades abritées, et les chiens eux-mêmes, bridés et muselés, comprennent leurs devoirs envers la communauté. Le pavé, en aucun temps, sur aucun point, n'appartient aux ivrognes ni aux courtisanes. Icara ne connaît pas la débauche ; mais en revanche on y trouve, et ici il faut emprunter les paroles du voyageur, « des *indispensables*, aussi élégants que commodes, les uns pour les femmes, les autres pour les hommes, *où la pudeur peut entrer un moment sans rien craindre, ni pour elle-même ni pour la décence publique.* » Certes, voilà un gage de haute civilisation !

En Icarie, c'est l'état qui fait tout. Il a une grande imprimerie, une grande boulangerie, de vastes, abattoirs, d'immenses restaurants, de gigantesques ateliers de tailleurs, de couturières, de tapissiers, d'ébénistes. Ici l'on confectionne les chaussures, là les étoiles, plus loin les ustensiles. Les aliments sont réglés par la loi, l'ordinaire est voté chaque année pair les chambres. On a des cuisiniers nationaux, des maçons nationaux, des blanchisseurs nationaux, L'Icarie a voulu faire quelque chose pour le sexe, en l'admettant à de certaines professions que notre société lui interdit, comme la chirurgie et la médecine. Les malades sont tous soignés dans des hospices publics quant aux infirmes, Icara n'en connaît pas. Il est vrai que l'espèce y est l'objet de croisements parfaitement entendus. Le brun est invité à choisir une blonde, la blonde un brun ; le montagnard recherche la fille des plaines, l'homme du nord la vierge du midi. On a ainsi des sujets de toutes les nuances et de magnifiques produits. Dans les moindres actes de la vie, les Icariens procèdent avec ce soin méthodique : la loi a tout prévu, tout réglé, jusqu'aux heures du lever et du coucher. À cinq heures du matin la population entière est debout, à dix heures du soir elle se met au lit. Pendant l'intervalle consacré au sommeil, on ne trouve pas une âme dans les rues ; la police se fait d'elle-même. L'Icarie a pourtant négligé d'emprunter à Morus et aux jésuites du Paraguay deux institutions fort originales. L'une obligeait les fiancés à se voir sans vêtements, afin que sur aucun point il n'y eût de surprise ; l'autre, imaginée par les bons pères, consistait à éveiller les couples une heure, avant le lever, on devine dans quel intérêt. Mais ces omissions sont amplement réparées par la vigueur du régime alimentaire auquel le grand Icar a soumis la contrée. Quelles facultés gastriques ne suppose pas la loi suivante, courte, mais expressive. « Avant-déjeuner à six heures du matin. — Déjeuner à neuf. — Dîner commun à deux heures. — Souper de neuf à dix heures du soir. » Voilà ce qui s'appelle vivre. Il n'y a qu'une civilisation arriérée qui puisse se soutenir avec deux repas.

Il serait trop long de suivre lord Carisdall dans son pèlerinage en Icarie et de raconter l'histoire de ses singulières amours ; mais il est impossible de passer sous silence la thèse que soutient un sage du pays, Dinaros, en faveur du principe de la communauté. Ce vertueux Icarien, l'orgueil de sa patrie, semble surtout préoccupé du désir de se chercher des complices dans l'univers. Le moindre mot en faveur de l'égalité lui semble avoir la valeur d'une adhésion formelle, et il parvient à convertir ainsi en Icariens presque tous les philosophes passés et présents. Il est difficile de se tirer des mains de ce sage sans payer un tribut forcé à sa manie de prosélytisme : une phrase, un axiome, une généralité souvent fort innocente, lui suffisent pour compromettre un écrivain ; il voit des Icariens partout. Voici d'abord Agis et Cléomène qui sont Icariens et communistes, puis Socrate, Pythagore, Plutarque, les Gracques, Grotius, Puffendorf, Locke, Montesquieu, Mably, Turgot, tous communistes. Le sage d'Icara va plus loin : il fait un communiste d'Hobbes, qui disait que l'homme est un loup pour l'homme, ce qui équivaut il proclamer la communauté des loups ; il appelle Napoléon un communiste, Bossuet un communiste. Washington n'échappe pas à cet enrôlement ; universel ; il est communiste avec Milton, avec Helvétius, avec Mirabeau, avec Payne, avec Condillac et Condorcet. Les contemporains auraient en vain l'espoir de se dérober aux étreintes de cette propagande ; Dinaros les connaît et les dénonce. Tous, ils ont glorifié la communauté. M. Royer-Collard est communiste, M. de Sismondi communiste, M. de Lamartine communiste ; M. de Châteaubriand communiste, M. de Tocqueville communiste.1 On ne saurait redouter de l'être en aussi bonne compagnie ; tel est sans doute le calcul et l'espoir de Dinaros. Cependant nos philosophes, nos prosateurs, nos poètes, doivent être au moins surpris de l'interprétation que l'on donne à leur pensée sur les bords du Taïr, fleuve de l'Icarie. C'est à les rendre fort circonspects pour l'avenir. Pour repousser les honneurs d'une semblable complicité, le témoignage« de la conscience ne suffit pas toujours, et il importe qu'on ne nourrisse pas de pareilles illusions, même dans les pays les plus imaginaires. Du reste, le procédé n'est pas nouveau : l'auteur du *Dictionnaire des athées2* avait ouvert la voie a ce genre d'accusation, lorsqu'au nombre des athées les plus célèbres il portait saint Augustin, saint Thomas, Jésus-Christ et le Saint-Esprit. C'est l'histoire des ictériques, qui ne voient qu'une couleur dans tous les objets, celle de leur mal.

Dans ces sphères de l'imagination, d'autres écrivains d'un ordre plus élevé se sont aussi égarés à la poursuite des chimères communistes. Rien n'est plus affligeant que le spectacle de ces expériences. A tout essayer ainsi, sans mesure et sans trêve, un écrivain finit par perdre le sentiment de toute chose. C'est un bien triste jeu que de pousser des reconnaissances inconsidérées vers les spéculations et les nouveautés bruyantes, sans avoir ni la fore de les approfondir, ni la conscience entière de ce qu'elles peuvent produire. Le premier écart amène des écarts successifs, d'autant plus graves que l'esprit a plus de puissance. Il est d'ailleurs difficile de comprendre comment des plumes de quelque valeur ont pu se mettre au service

1 Le mot dont se sert l'auteur est *communitaire* ; mais c'est assez d'un néologisme mis au service de la communauté.
2 Sylvain Maréchal.

de doctrines qui se basent sur le niveau absolu des intelligences. Certes, le désintéressement est une vertu méritoire, mais il ne faut pas la pousser jusqu'à l'abdication des plus nobles facultés de l'esprit. Dans aucune charte communiste, il n'y a de place pour les travaux de la pensée. La production brute, les besoins physiques y règnent despotiquement ; les créations délicates, les satisfactions raffinées n'y figurent que dans des conditions subalternes. On ne les reconnaît pas formellement, c'est tout au plus si on les tolère. Est-ce là une situation que des écrivains puissent reconnaître sans manquer à leur propre dignité ? Le communisme exclut les lettres, et il trouverait dans les lettres des défenseurs et des apologistes ! On a de la peine à admettre une semblable confusion d'idées et une telle erreur de conduite.

La dialectique fournit aussi de ces sophistes inconséquents, et en première ligne un écrivain qui se défend d'être communiste, tout en se déclarant l'adversaire implacable de la propriété.1 Telle est la logique des logiciens quand l'argumentation les emporte hors des réalités. Cette illusion leur est d'ailleurs commune avec diverses sectes qui ont la prétention d'introduire dans les sciences morales et sociales les méthodes et les procédés des sciences exactes. Le bonheur humain n'est à leurs yeux qu'une équation, compliquée sans doute mais point insoluble ; les passions sont autant d'*inconnues* qu'il faut dégager, et toutes les relations des êtres peuvent se déterminer i l'aide de formules mathématiques. Organiser scientifiquement la vie, telle est leur chimère. L'écrivain dont il est ici question sacrifie à cette déception récente ; seulement, au lieu de prendre son point d'appui dans les nombres, il le place dans l'induction et le syllogisme. Armé d'une verve incisive et d'une érudition tranchante, il recherche ce qu'il y a d'absolu dans le droit de propriété, et déploie dans cette étude des qualités qui auraient fait le plus grand honneur à un nominaliste du moyen-âge. Même aux meilleurs temps de l'*Organon*, *ces affirmations, avec leur solidité apparente, auraient été remarquées, et de nos jours des esprits distingués n'ont pu méconnaître ce talent, mis au service d'une détestable cause. Où conduit l'abus de la dialectique ? Ariston de Chio l'a dit depuis des siècles, et l'on ne saurait mieux dire que lui : « Ceux qui s'enferment dans cette science, écrivait ce philosophe, peuvent être*

---

1 M. Proudhon, *Qu'est-ce que la propriété ?*

Louis Reybaud

comparés aux mangeurs d'écrevisses ; pour une bouchée de chair, ils perdent leur temps sur un monceau d'écailles. »

L'écueil principal de l'application des procédés scientifiques aux sciences sociales et morales est si évident, qu'il se signale de lui-même. Déjà une plume exercée[1] l'a indiqué dans ce recueil. En matière de civilisation, de coutumes, de mœurs, de rapports d'homme à homme, de peuple à peuple, d'institutions, de lois, il n'y a rien qui ait, qui puisse avoir de valeur absolue. Le mot de Pascal, à ce sujet, est trop connu pour qu'il soit nécessaire de le rappeler. Les sociétés vivent sous l'empire d'un contrat que la tradition a fondé et que l'usage a maintenu. Ce n'est pas là un droit rigoureux, absolu, mais c'est un droit relatif, de convention, et la terre n'est pas destinée à en connaître d'autre. Ce que disent les adversaires de la propriété pourrait se dire de toutes les croyances, de toutes les règles qui dominent la vie humaine. Peu de principes, même les plus féconds, même les plus dignes de respect, résisteraient à un examen qui, les isolant de leur milieu, les jugerait en eux-mêmes et intrinsèquement. Le monde ne marche pas parfaitement, cela est vrai, mais enfin il marche. Les dialecticiens voudraient l'arrêter brusquement, afin de lui communiquer une impulsion en sens inverse, plus scientifique, suivant eux, plus conforme aux saines méthodes du raisonnement. Soit ; mais qu'ils donnent alors au maintien de l'ordre et de la civilisation une garantie, une seule, qui serait l'existence d'une population de docteurs décidée à se laisser gouverner par les lois souveraines de la logique.

Ce gage est d'autant plus nécessaire, que les dialecticiens ne craignent pas de se mettre en contradiction avec eux-mêmes. Ainsi celui qui nous occupe, après avoir attaqué la propriété avec une vigueur assez brutale, ne se montre pas moins véhément envers la communauté. Dans la propriété, l'inégalité, d'après lui, résulte de la force sous quelque nom qu'elle se déguise, force physique ou intellectuelle ; dans la communauté, l'inégalité vient de la médiocrité du talent et du travail glorifiée à l'égal de la force ; équation injurieuse qui révolte la conscience et fait murmurer le mérite. Voilà qui est bien ; mais, hors de la propriété communauté, y a-t-il un ordre social non-seulement possible, mais encore

1 Voyez, livraison du 1ᵉʳ septembre 1841, l'article de M. de Carné : *De quelques publications démocratiques et communistes.*

Des idées et des sectes communistes

présumable ? Notre logicien ne recule pas devant cette difficulté, et, par une capitulation singulière, il veut fonder la possession sur les ruines de la propriété. Il n'y aura plus de propriétaires ; il y aura des possesseurs. On pourrait demander à quelles sources la possession puisera son droit absolu ; mais il vaut mieux éviter les subtilités et passer outre. Cette possession une fois substituée à la propriété, comment se déterminera-t-elle, sous quelles conditions, dans quelles limites ? Ou elle sera précaire, ou elle sera sérieuse. Précaire, elle offre les inconvénients de la communauté ; sérieuse, elle a tous les avantages de la propriété. Une possession bien assise, étendue, garantie, est une véritable emphytéose, un titre transmissible, sujet à délégation, un droit réel et non un vague usufruit. Si elle n'a pas ce caractère, elle ne signifie rien. Vainement voudrait-on concilier la possession paisible avec le maintien du droit d'occuper. Ces deux faits s'excluent. On ne possède pas réellement quand on se trouve placé sous la menace d'une éviction ; on ne sème pas sans savoir si l'on pourra recueillir ; on n'améliore pas un champ dont on peut être expulsé à toute heure. L'investiture doit donc être formelle pour que la possession ne soit pas un leurre et le travail une déception. On retombe alors ou dans la communauté, ou, à peu de chose près, dans la propriété telle qu'elle existe, avec sa double exploitation médiate et immédiate. Quoi qu'on fasse, on ne sortira pas de ce dilemme ; on ne trouvera pas de mode intermédiaire, de juste milieu entre la communauté et la propriété. Ce que l'on ajoutera de solidité à la possession la rapprochera de la propriété, ce qu'on lui opposera d'entraves la ramènera vers la communauté. Tout régime neutre serait impuissant. La vertu essentielle du principe de la propriété est d'attacher à chaque parcelle du sol une volonté, une intelligence, qui s'y intéressent. La possession garantie maintient ce mobile, la possession précaire l'anéantit. Le débat ne peut donc s'agiter qu'entre la gestion personnelle et la gestion universelle ; il faut reconnaître le droit de l'individu ou subir le droit de l'état. Entre ces deux situations, il n'y a de place que pour le sophisme.

Cependant il est une qualité que l'on ne saurait refuser à l'écrivain dont il vient d'être question, c'est la franchise. Il est net du moins, formel et catégorique ; il n'a pas l'air de rougir de sa croyance. Cet exemple devrait profiter à M. Pierre Leroux, qui n'a su ni résister

Louis Reybaud

ni céder aux tendances communistes. Attirant le problème social vers les nuages qu'habite sa pensée, il a eu le soin de l'y maintenir couvert d'un voile et flottant pour ainsi dire. Personne ne recule mieux que lui devant une conclusion ; ne la fuit plus résolument. Son grand art est de ménager toutes les doctrines et de leur échapper. La critique se trouve ainsi réduite à réfuter le néant, à discuter le vide. Sous le vernis d'une érudition indigeste, on aperçoit le désir de paraître mystérieux et profond, vague et réservé ; on suit les fluctuations d'une pensée qui s'avance et se retire, donne un gage et le reprend, n'accepte ni ne repousse, ne veut ni rompre ni se livrer. M. Pierre Leroux cite quelque part, d'après Mme de Staël, une anecdote d'Arlequin qui s'escamote lui-même et ne laisse, pour continuer la pièce, que sa robe et sa perruque. C'est là, plus qu'il ne se l'imagine, l'histoire de son esprit. On lui demande vainement un corps de système ; il n'en livre que les apparences, le vêtement.

Peut-être est-ce un service à rendre à M. Pierre Leroux que de l'aider à sortir du brouillard qui l'enveloppe. On ne peut pas éternellement se tenir entre ciel et terre comme la fabuleuse pierre du tombeau de Mahomet, et une heure arrive où il faut prendre quelque part un point d'appui. Autant qu'on peut l'entrevoir, il semble que M. Leroux ne veuille pas être confondu avec les sectes communistes ; il faut alors qu'il s'explique d'une manière plus formelle qu'il ne l'a fait jusqu'ici. Il est vrai que, dans l'un de ses écrits,[1] il commence par reconnaître que le corps de l'homme est « une *chose, une véritable propriété, relativement à la force qu'il manifeste*, et que, cette force ne pouvant se supprimer et agir indépendamment de lui, supprimer la propriété ce serait supprimer cette force. » Ce qui équivaut dire, en des termes plus simples, que la propriété est de droit naturel, puisque l'homme peut et doit disposer librement de son corps. Mais ailleurs[2] l'auteur déclare qu'en fait de propriété, on ne peut admettre que celle qui ne détruira pas *la communion de l'homme avec l'univers et avec ses semblables*, et il ajoute que l'un des moyens de détruire cette communion, « c'est de *diviser* la terre ou en général les instruments de production, d'attacher les hommes aux choses, de subordonner l'homme la propriété, de faire de l'homme un *propriétaire*. » Voilà, à ce qu'il semble, une

---

1 *De l'Humanité*, p. 170.
2 Ibid., p. 175.

profession de foi assez explicite. L'homme dispose légitimement de son corps, mais la communion doit exister pour tout le reste. Il ne faut *diviser* ni la terre, ni les instruments de travail ; il ne faut pas que l'homme, en un mot, soit *propriétaire*. Si ce n'est pas là une adhésion implicite au principe de la communauté, c'est que la langue symbolique de M. Leroux n'est pas celle de tout le monde. Les réserves qu'il exprime ne réparent rien et sont sans valeur. Est-il une seule théorie communiste qui ait stipulé que le *corps* de l'homme ne lui appartiendrait pas, que Paul aurait la faculté de vivre dans Pierre, Pierre dans Paul ? Ce passage n'est pas le seul d'où l'idée de la communauté se dégage. Plus loin, après avoir établi1 que la *communication* de l'homme avec l'univers, sans barrières absolues, est de droit strict parce que l'univers est *l'objet possible* de l'homme, *l'objet dont il est le sujet*, il continue2: « Toute division de la propriété qui constitue la propriété et par conséquent l'homme à part de la communion avec tout l'univers, est également immorale et produit nécessairement *l'immoralité et le mal.* ». Si -ces mots ont quelque valeur, ils signifient que la propriété ne doit pas être individuelle, mais commune, et que le droit d'occuper ne peut se prescrire pour personne dans l'intérêt de la *communication* de l'homme avec l'univers. En vain M. Pierre Leroux espère-t-il couvrir cette conclusion invincible par une subtile distinction entre la propriété et la propriété *caste* ; ce n'est là qu'une équivoque unie à une fausse acception de termes. Ces petits jeux de mots sont, du reste, familiers à M. Leroux ; il s'y plaît et en abuse. C'est ainsi, qu'il a transporté le mot de *communion* du monde spirituel dans le monde sensible ; où son équivalent est *communauté*.

En vérité, il est difficile de comprendre pourquoi M. Pierre Le roux s'évite ainsi lui-même et recule devant ses propres idées. La discussion théorique de la communauté n'offre aucun danger ; on peut confesser le principe d'une manière ouverte, et chaque jour cela se fait librement. La conscience n'est pas enchaînée sur ce point, et il ne semble pas que la persécution se soit attachée aux doctrines purement spéculatives. Si ce droit, maintenu presque dans tous les temps, était sérieusement menacé, il n'est pas de plume indépendante qui ne fût prête à le défendre. D'où vient donc

---

1 Ibid., p. 182.
2 Ibid., p. 190.

Louis Reybaud

que M. Pierre Leroux cherche un système hybride entre la propriété et la communauté ? D'où vient qu'il nie l'une sans affirmer
l'autre ? Dans un écrit plus récent, il n'accepte le communisme que
comme un état de transition, utile, non pour fonder, mais pour
détruire. L'humanité est destinée, assure-t-il, à le traverser dans
l'ordre social, comme elle traversera le panthéisme dans l'ordre religieux. Qu'est-ce à dire ? La communauté ne serait qu'un fléau, mais
un fléau nécessaire ? Quoi ! les sociétés n'auraient marché dans
des voies meilleures que pour voir leurs éléments se disperser au
souffle du premier paradoxe ! On ne pourrait aspirer à une civilisation plus parfaite qu'en retombant dans les misères de la barbarie,
et les créations futures ne s'élèveraient que sur les débris des institutions actuelles ! Est-ce là ce que prévoit M. Leroux ? Cette théorie des évolutions de l'humanité nous semblerait bien peu scientifique et encore moins religieuse. Elle supposerait une Providence
capricieuse, se plaisant dans le spectacle d'efforts sans résultat et
d'entreprises sans issue. La conscience se refuse à admettre, dans
l'ordre des destinées, un jeu pareil et cette alternative fatale. Mieux
vaut croire à la perfectibilité lente et graduelle des sociétés. C'est un
système qui naguère a eu des défenseurs ardents ; peut-être l'ont-
ils abandonné pour un autre. Il s'appelait alors le *progrès continu* ;
aujourd'hui il a changé de nom, à ce qu'il semble : il est devenu le
progrès intermittent.

Si M. Pierre Leroux veut être pris pour un écrivain sérieux,
il est temps qu'il sorte du cercle de ses hésitations et de ses in-
conséquences. Il prétend qu'après le communisme se réalisera *la
vraie doctrine de l'égalité*, et que cette réalisation sera le produit
d'un *principe supérieur*. Qu'il daigne donc descendre sur notre
globe, ce principe merveilleux ; qu'il dise ce qu'il est, quel bien il
doit faire, quel mal il peut empêcher. Si ce principe n'est pas celui de Saint-Simon et de Fourier, qui admettent une répartition
proportionnelle ; s'il n'est pas celui d'Owen et de Babœuf, qui
consacrent l'égalité absolue ; s'il n'est ni le rêve de Campanella ni
celui de Morelly, ni la vie conventuelle des esséniens et des moraves appliquée au monde profane, ni la révolte de Wiclef et de
Muncer, ni l'extase des millénaires, ni la discipline des missions
du Paraguay, ni le manifeste des égaux, ni le régime des icariens,
qu'il se révèle, qu'il se fasse connaître ; l'attention, sinon l'enthou-

siasme, ne lui manquera pas. Il y a encore place ici-bas pour les idées vraiment fécondes. Seulement l'heure est arrivée de quitter les divagations pour des énonciations précises. On peut monter sur le Sinaï et y séjourner dans les nuages pour attendre l'inspiration ; mais il faut en descendre avec les tables de la loi à la main. M. Pierre Leroux a épuisé le droit qu'a tout penseur de distribuer des paroles vides ; on attend désormais de lui autre chose qu'un mysticisme impuissant et diffus. Peut-être ses vues ne se sont-elles jamais portées au-delà d'un christianisme philosophique renouvelé de Saint-Simon, d'une papauté politique tempérée par des pouvoirs discrétionnaires. Dans ce cas, qu'il avoue sa prétention et qu'il la justifie, s'il le peut.

Tels sont le mouvement et la filiation des idées et des sectes communistes. On voit qu'elles n'ont jamais manqué d'interprètes, et que cet héritage s'est fidèlement transmis de rêveurs en rêveurs sans que la valeur en ait augmenté et que la clientelle s'en soit accrue. Rien ne périt ici-bas, pas plus le faux que le vrai ; tout égarement trouve de nouvelles victimes, toute folie pousse des germes et se reproduit obstinément. Qui pourrait assurer que ce ne sont pas là des exceptions, des anomalies nécessaires ? Peut-être les sociétés ont-elles besoin de ces activités inquiètes qui agissent sur elles comme aiguillon, et qui, en demandant l'impossible, les obligent à agrandir le cercle des améliorations réalisables. Quoi qu'il en soit, on aurait tort d'attribuer à cet accident des civilisations plus de valeur qu'il n'en a, et de le représenter comme plus dangereux qu'il n'est. On a déjà vu passer beaucoup de ces sectes qui, après une agitation stérile, ont désarmé devant le bon sens public ; le communisme aura le même destin. Les systèmes qui mettent en cause la société tout entière ne sont jamais bien dangereux. La tâche est toujours hors de proportion avec l'effort, et il existe dans l'ensemble des convictions et des intérêts un contrepoids qui rend ces expériences inoffensives.

Ce qui fait justice de ces doctrines plus sûrement qu'aucune persécution, c'est le vide dans lequel on les voit s'agiter. Il est aisé de reconnaître, dès le premier coup-d'œil, que ces hommes qui veulent organiser un monde à leur guise ne connaissent pas les premiers éléments de celui qui existe. Leur prétention est de fonder une société sans famille, sans liberté, sans droit individuel. Tout leur idéal

Louis Reybaud

repose sur un sensualisme étroit ; les besoins du corps y occupent une telle place, que l'âme en est presque exclue. La loi religieuse avait eu jusqu'ici l'admirable soin de ménager, hors de cette vie, des compensations aux misères qui l'assiègent, misères physiques ou misères morales, et ces dernières ne sont pas les moindres ; le nouveau régime porte la main sur ces illusions, les déclare indignes d'une raison saine et calme. L'homme est enchaîné à la terre ; c'est en vue de la terre seule qu'il faut régler ses relations. Rien en-deçà, rien au-delà Ainsi, par une logique exclusive, on arrive à ne tenir compte que du monde matériel et à proposer comme modèle le régime qui gouvernait l'île de Circé. Il n'y a pas à s'étonner que, dans cette voie d'abaissement, on ait fait bon marché de la liberté, de la volonté de l'homme, qu'on ait contesté son mérite dans le bien, sa responsabilité dans le mal. C'était une conséquence rigoureuse de la réhabilitation de l'instinct, du rôle supérieur qu'on lui assignait. Dans les choses sensibles, l'être se trouve en effet assujetti à une impulsion qu'il ne peut pas toujours vaincre et dominer ; il obéit au ressort qui le fait mouvoir. Une détermination libre ne se concilie qu'avec un but hors de la vie et une force pour l'atteindre. L'aspiration de l'homme vers l'infini et sa puissance sur le fini se confondent ainsi en une seule faculté qui lui sert à se conduire ici-bas en portant sa vue ailleurs. Hors de ce mobile, il n'y a plus que servitude aux exigences des sens, et, dans ce cas, il importe de régler avant tout le gouvernement de la matière. C'est ce que font les apôtres de la communauté, au risque d'exciter des désirs qu'ils ne pourront pas combler, de déchaîner des passions qu'ils ne pourront pas satisfaire. Leur idéal se résume donc dans un naturalisme où la fatalité tient une grande place, et qui les rattache à l'enfance des idées religieuses et philosophiques.

Sur ce terrain, il est évident qu'ils devaient rencontrer l'égalité absolue comme mobile social. Toutes les erreurs s'enchaînent. Si l'horizon de l'homme est limité au bonheur terrestre, si le sacrifice et le dévouement sont sans valeur comme sans but, il s'ensuit qu'en l'absence de toute compensation future, il faut poursuivre un équilibre immédiat, promener sur les existences un implacable niveau, et réduire les plus hautes aux proportions des plus petites. Ici pourtant la loi naturelle condamne formellement ceux qui tout à l'heure s'en faisaient un appui. L'égalité absolue est si incompatible avec la destinée sociale et les relations des êtres, que, même abstraitement, les communistes les plus ingénieux n'en ont pu avoir la conception complète. Dans aucun des termes de la vie matérielle, l'égalité ne peut se réaliser : si tous les hommes ne consomment pas également, ils ne produisent pas non plus également. De là une souveraine injustice, car il se rencontre souvent que les plus exigeants sont aussi les moins laborieux. Au sein des petites communautés expérimentales de Robert Owen, cette circonstance s'est toujours produite. On a beau alléguer que le dévouement y suppléera et que le régime commun n'en est pas à quelques différences près entre les individus cela prouve seulement qu'un système d'égalité rigoureuse est une chimère, même aux yeux de ceux qui la poursuivent. C'est une véritable inconséquence que de condamner une société parce qu'elle impose des sacrifices aux uns au profit des autres, et de proclamer ensuite un ordre nouveau où le sacrifice se constitue sous une forme plus odieuse encore. Avec une répartition qui se mesure sur les œuvres, on a aujourd'hui une justice relative ; avec une distribution des fruits du travail indépendante du travail même, on aurait une iniquité absolue.

Plus on pénètre dans l'examen des idées communistes, plus leur impuissance se révèle. Rien n'y a de sanction ; tout flotte au hasard. Souvent les prétentions les plus contraires s'y trouvent en présence. Dans la sphère politique, les uns appellent une dictature inflexible qui sache imposer au besoin le respect de la communauté ; les autres proclament formellement l'anarchie, c'est-à-dire l'absence de maîtres. Il faut pourtant choisir et ne pas aller de la sorte d'un pôle à l'autre. Une communauté sans lois qui règlent, sans autorité qui la maintienne, n'est autre chose que le paradoxe brillant du *Discours sur l'inégalité*, c'est-à-dire un retour volontaire vers l'indiscipline et l'abrutissement de l'état sauvage. Une communauté obligatoire aurait besoin d'être armée d'une bien grande force pour vaincre les résistances. Où est cette force, et peut-elle sérieusement exister ? Dans la plupart des combinaisons imaginaires qui viennent d'être parcourues ; on ne semble pas prévoir la nécessité d'un pouvoir coactif, et l'on fait reposer sur l'harmonie inaltérable des volontés toutes les garanties de ce régime. Pourtant le spectacle des sociétés actuelles n'invite guère à cette confiance au moins naïve. Pour y maintenir un ordre souvent troublé, ce n'est pas trop

Louis Reybaud

que d'avoir des tribunaux, des prisons, une police, des régiments. On se plaint de cette obligation de sévir, de cette lutte des esprits, de ce choc des activités rivales ; mais, en jetant un coup d'œil sur le globe, il est facile de se convaincre que les peuples animés de ces dispositions sont les seuls qui se fassent une place supérieure parmi les autres et président à la marche des civilisations. Aspiret-on par hasard au bonheur indolent des hindous, à la quiétude stationnaire de la Chine ? Les gouvernements de discussion sont sujets à quelques misères, mais ils ont aussi une part de grandeur : ils forment les intelligences par le combat, par l'agitation, par le mouvement. Exposés à se voir attaquer ; ils acquièrent les facultés nécessaires pour se défendre. L'éducation publique s'achève ainsi, et de là naît cette ardeur réfléchie qui semble être la dernière limite de la sagesse des nations.

Voilà ce qu'il faut comprendre lorsqu'on aspire à reconstituer un état social, quel qu'il soit. Un peuple unanime dans ses idées n'est pas un point de départ que l'on puisse gravement accepter. Les passions ne s'abdiquent pas. Sous quelque loi que l'on vive, il y aura toujours des ambitions mécontentes, des désirs inquiets, des volontés rétives. Si c'est l'égalité que l'on proclame, il y aura des gens et en grand nombre qui voudront l'inégalité. On les comprimera, dit-on ? Soit, mais alors l'égalité cesse : il y a des oppresseurs et des opprimés, des juges et des prévenus, des exécuteurs et des victimes. Le régime n'a changé que de nom : on recommence à distinguer entre les actes légitimes et ceux qui ne le sont pas, entre les idées permises et les idées défendues. À ce sujet, l'une des sectes communistes, plus conséquente que les autres, déclare que toute discussion du principe de la communauté sera sévèrement interdite et au besoin punie par l'esclavage perpétuel. À la bonne heure voilà du moins une sanction ; mais qu'il soit permis de regarder encore comme plus raisonnable et plus humain un ordre social qui laisse, comme le nôtre, les partisans de la communauté libres d'en vanter les bienfaits et d'en célébrer l'excellence.

Pour le triomphe de leurs projets, les communistes comptent moins, il est vrai, sur ce qu'ils apportent que sur ce qu'ils suppriment. On vient de voir qu'en vue de leur principe constitutif, ils abolissent la discussion, c'est-à-dire la vie ; en l'honneur de leur principe économique, ils détruisent la propriété individuelle, c'est-à-dire l'activité. Il faut être peu versé dans l'histoire et dans la science des intérêts, pour ignorer que la communauté n'est pas une combinaison nouvelle et qu'elle a présidé à la première exploitation du globe. Elle a précédé la propriété comme le grain précède la plante ; elle ne peut pas à la fois avoir été le rudiment de la civilisation et en être le dernier mot. Les communistes se trompent de date : ils se croient au temps où l'homme n'avait que la voûte du ciel pour abri, et pour nourriture le gland du chêne. Alors le sol n'était pas découpé par morceaux ; sur aucun point, on ne voyait de haies ni de barrières. L'usage des fruits de la terre était un droit que rien ne pouvait ni limiter ni prescrire ; les tribus humaines se partageaient le désert et jouissaient en commun de la solitude. Si c'est là que l'on veut, en revenir, le moyen est infaillible. Mais, pour quiconque ne se sent pas porté vers la vie primitive, la propriété est le véritable lien social. La vertu de la propriété se prouve par sa marche historique. Elle a formé le premier anneau d'une solidarité défensive entre les hommes ; elle a fondé le travail en assurant au travailleur la jouissance de ce qu'il pouvait produire. Sous cette garantie, l'activité individuelle s'est éveillée ; le besoin grossier a déterminé le premier effort ; le raffinement des besoins, d'autres efforts successifs, et c'est ainsi que depuis cinq mille ans l'humanité roule son rocher de Sysiphe. Voilà la fonction de la propriété ; elle est la mère des civilisations actuelles, et la prospérité des territoires peut se mesurer sur le degré de sécurité dont elle y jouit : florissants quand elle est respectée, misérables quand elle est en butte aux insultes, ils en suivent les phases, les fluctuations, les vicissitudes. Aujourd'hui encore l'état des pays orientaux, comparé à celui du continent, européen, peut servir à constater la distance qui sépare une propriété respectée d'une propriété sans garanties. La communauté conduirait bien plus loin encore dans les voies d'une infériorité d'exploitation et d'une décadence territoriale.

Les partisans de la communauté sont de singuliers économistes. Ils prennent le globe au point où la propriété individuelle l'a conduit, trouvent que la richesse acquise sous ce régime est bonne à partager, et s'imaginent qu'elle se perpétuera quand ils l'auront aboli. C'est une grave erreur. La richesse est dans le travail, elle n'est que là. Ce n'est pas un bien fixe, à jamais acquis pour un peuple ; c'est un bien mobile, variable, proportionné à ses efforts. Que

Louis Reybaud

toute activité demeure suspendue en France pendant une année seulement, et au bout de ce laps de temps la plus grande partie de la fortune nationale aura disparu, la consommation dévorant des produits qui ne seraient pas remplacés. Sans supposer une interruption aussi complète, toute diminution d'activité provoquera une diminution correspondante de richesse. La clé du problème économique est donc dans le régime qui assure au travail un stimulant énergique et direct. C'est ce que la propriété individuelle réalise, et ce que la communauté ne réalisera jamais. On connaît la fable de la poule aux neufs d'or ; c'est l'histoire de la propriété. Elle n'est féconde que parce qu'on ne porte pas sur elle une main impie. Ceux qui l'immoleraient pour lui dérober un trésor mystérieux n'y trouveraient que la misère. À quoi tient la puissance du travail ? À la faculté de disposer pleinement et librement de ses fruits. De là cette vigilance qui n'a pas de trêve, cette ardeur qui ne connaît pas de repos ; de là cet aiguillon de la concurrence, précieux instrument en butte aujourd'hui à des déclamations fort peu sensées. Que l'on substitue le mobile indirect au mobile direct, qu'on enlève les fruits du travail au travailleur pour les attribuer à la communauté, à l'instant même le mobile change. On aura voulu une mer sans tempêtes, on aura une mer sans brises, avec la détresse et la faim à l'horizon.

Une autre prétention non moins singulière, au point de vue économique, et que le communisme place en première ligne, c'est celle d'investir le gouvernement de toutes les fonctions jusqu'ici réservées aux individus. Dans ce système, c'est l'état qui fait tout, qui pourvoit à tous les besoins, règle toutes les jouissances. L'état tient, qu'on nous permette cette expression, une table d'hôte immense, il traite l'administration publique comme une sorte de société en commandite. Ce sont là des folies qui ne soutiennent pas l'examen : malheureusement, dans bien des cas, on y cède, on obéit. Ainsi la tendance actuellement très prononcée de concentrer le plus d'affaires possible entre les mains du gouvernement, de lui attribuer les rôles d'entrepreneurs de chemins de fer, d'administrateur des canaux, de directeur des transports à vapeur, est une concession faite à cette soif d'accaparement, qui en beaucoup de choses, nous prépare des mécomptes infinis. Ces services seraient bien faits, et c'est là un point au moins douteux, qu'il en résulterait encore un dommage pour l'ensemble des intérêts nationaux. Partout où l'état s'attribue une action exclusive, il n'y a plus de place pour l'activité particulière : vis-à-vis de lui pas de concurrence possible. Quand peu à peu l'esprit d'entreprises s'est éteint chez les individus, chassés de position en position, il ne reste plus que le génie officiel pour aviser à tout et pour tout faire. On tombe alors dans un monopole universel qui voue les nations à une sorte d'indolence contemplative.

On le voit, par aucun côté, le communisme n'a de valeur, même superficielle ; il est sans consistance, et par conséquent sans danger. C'est donc à tort que l'on a pris dernièrement l'alarme : le communisme ne méritait pas cet honneur. La propriété, cela a été dit souvent, ne court aucun risque en France, où elle s'appuie sur dix millions de côtes, foncières. Plus elle s'avance dans les temps, plus elle se ménage de soutiens : la loi civile assure son règne, et les habitudes lui garantissent une longue sécurité. Même aux époques les plus troublées de notre histoire, elle a maintenu son drapeau au-dessus des passions des partis. Elle s'est montrée forte à l'état de privilège ; qu'on juge de ce qu'elle doit être sous l'empire du droit commun ! Aujourd'hui elle a autour d'elle, comme rempart, la famille innombrable des petits propriétaires. On peut s'en remettre à cette milice dévouée du soin de contenir les spoliateurs ; il en sera fait bonne justice. Volontiers, depuis quelques années, on s'afflige du fractionnement du sol et de, son exploitation morcelée. Il y a pourtant dans ce fait une garantie qu'il serait imprudent de méconnaître. L'une des forces essentielles de la propriété est précisément dans cette division excessive : le grand nombre des détenteurs protège le sol contre les partages violents et les pièges de l'empirisme. En retour de cet avantage capital ne convient-il pas de se résigner à quelques inconvénients inévitables ?

On aurait d'ailleurs tort de croire que les idées de communauté, de vie commune, exercent une action profonde sur ceux dont elles semblent flatter les passions et servir les intérêts. Il n'en est rien divers motifs s'y opposent. En dehors de ce respect du droit d'autrui que tout cœur sincère, tout esprit bien fait, portent en eux, il s'opère un travail de réflexion, qui, même superficiel, condamne la communauté. On ne comprend pas qu'elle puisse fonctionner sans le plus odieux despotisme, sans l'abdication formelle de l'individu.

Louis Reybaud

Pour peu que l'on pénètre dans ce régime, c'est le néant que l'on découvre : ce vide épouvante les plus téméraires. On sait comment l'homme peut se suffire quand il dispose de ce qu'il crée, de ce qu'il produit ; on ne s'en fait pas une idée dans l'hypothèse où il délé-guerait ce droit. Ses efforts de chaque jour représentent la somme de ses besoins ; s'il veut se priver, il est libre de rester en-deçà ; s'il veut se ménager des réserves pour l'avenir ; il est libre d'aller au-de-là. Sa volonté n'est enchaînée que par le souci de l'existence ou la préoccupation du bien-être. Maintenant faut-il changer cette ser-vitude indirecte en asservissement direct ? Faut-il mettre aux pieds d'une abstraction tout ce qui fait le titre et la parure de l'individu, la liberté, la spontanéité, la faculté d'initiative ? Ce que l'on y perd est évident, ce que l'on doit y gagner est chimérique. Même sur les cerveaux inconsidérés, ces motifs sont souverains ; personne ne se livre à l'inconnu sans conditions. Ensuite, quelle inconsé-quence ! Aboutir, en haine de toute discipline, il une obéissance sans limites ! Cela répugne, et déconcerte. Qu'il soit individuel ou collectif, le despotisme ne change ni de caractère ni de nom, et ce n'est pas le rendre plus acceptable que de l'exercer dans un cercle plus étendu. La communauté efface l'individu, lui mesure tout le travail et les jouissances, le traite en mineur, le règle comme une machine, dispose les engrenages dans lesquels il doit se mouvoir. Les autres systèmes fatalistes remontent au moins jusqu'au ciel ; celui-ci s'arrête sur la terre et sacrifie aux hommes le libre arbitre de l'homme. Jamais dégradation pareille ne fut infligée à l'espèce ; l'esclavage n'anéantit pas plus complètement la personnalité.

Quoi qu'il arrive, la propriété n'a rien à craindre dans une civi-lisation comme la nôtre. Elle est défendue par les mœurs autant que par les lois, elle résiste par elle-même. On ne la verra capi-tuler ni devant les écarts de l'imagination, ni devant les intem-pérances de la logique. Les violences même ne l'effraient pas, car elle a la conscience des intérêts qu'elle représente et des forces qui l'étaient. Ce qui la préserve encore, c'est la mobilité qui la caracté-rise. On parle souvent d'un pouvoir régulateur qui serait chargé de déterminer un roulement dans les richesses immobilières et mobilières, de telle sorte que chacun prit à son tour prendre place au banquet de la propriété. Mais qu'on étudie les faits de bonne foi, et l'on verra que ce roulement existe. Il serait même difficile d'imaginer un mode doué de plus d'énergie et exerçant une plus prompte justice distributive. Sous l'empire de notre loi civile, les fortunes, on le sait, n'arrivent presque jamais jusqu'à la troisième génération ; et combien se fractionnent, avant ce laps de temps, soit dans un partage successoral, soit dans les chances aléatoires du commerce et de l'industrie ! C'est là un roulement naturel, subi sans murmure parce qu'il tient à la force des choses et pèse sur tous également. En serait-il de même d'un roulement arbitraire, où la main de l'homme jouerait un rôle, qui prendrait aux uns pour donner aux autres, et pour guérir une douleur ferait ailleurs une blessure ? Ces procédés de dictature économique ne sont d'ailleurs pas nouveaux : ils ressemblent aux avanies turques et aux rançons frappées sur les juifs du moyen-âge. Ils ont pour premier effet de faire disparaître la richesse, et alors commence. Une déplorable ; égalité ; l'égalité devant la misère.

Aucun temps ne fut plus tourmenté que le nôtre par l'esprit d'aventures. De toutes parts, on est en quête du bonheur, on le poursuit dans mille directions, on le cherche où il n'est pas. On le demande à des combinaisons artificielles et extérieures, tandis que son siège est surtout dans le cœur humain. Des imaginations inquiètes se tournent vers un nouveau mobile civilisateur ; personne ne songe à l'homme, en qui se trouvent les éléments de toute amélioration et de tout progrès. Pendant que les sociétés chimériques pullulent, on laisse la société réelle marcher au hasard, sans but et sans idéal. Le phénomène de ces sectes qui s'engendrent les unes les autres tient à cette situation, et dans ce sens cette histoire méritait d'être racontée. Un coup d'œil jeté sur les égarements de l'esprit humain a toujours un utile résultat : il raffermit dans la pratique du bon sens en montrant où conduisent les vertiges de l'a pensée.

ISBN : 978-1540473417

Louis Reybaud